R 30643

Paris
1867

Caro, Edme-Marie

Le Matérialisme et la science

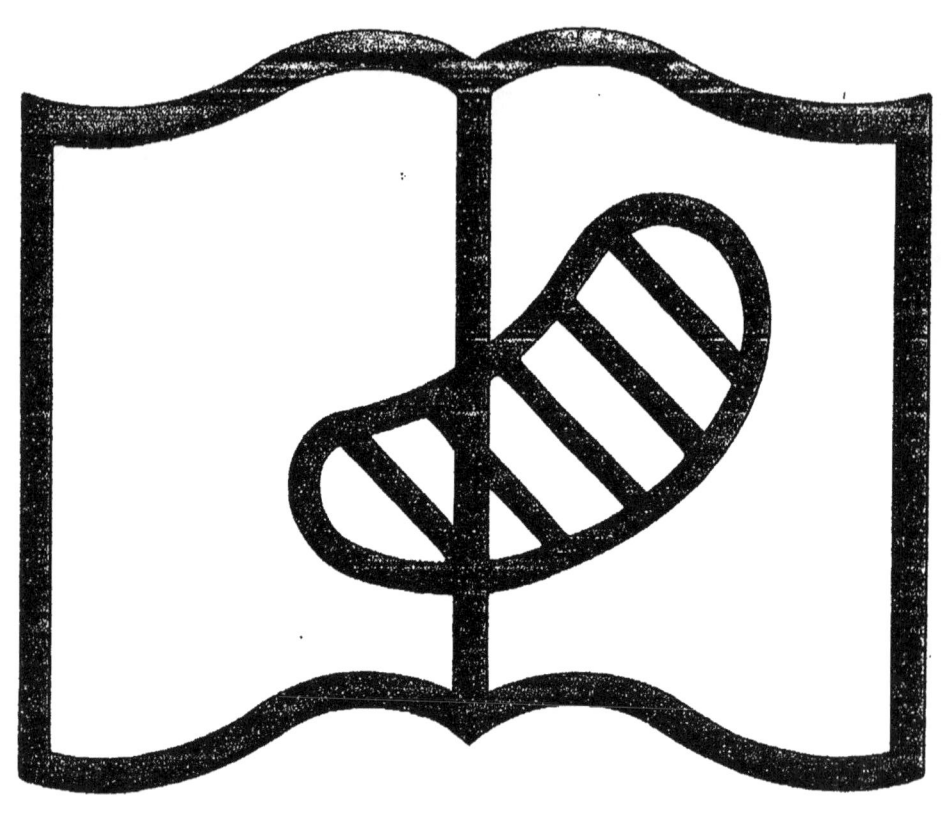

Symbole applicable
pour tout, ou partie
des documents microfilmés

Original illisible

NF Z 43-120-10

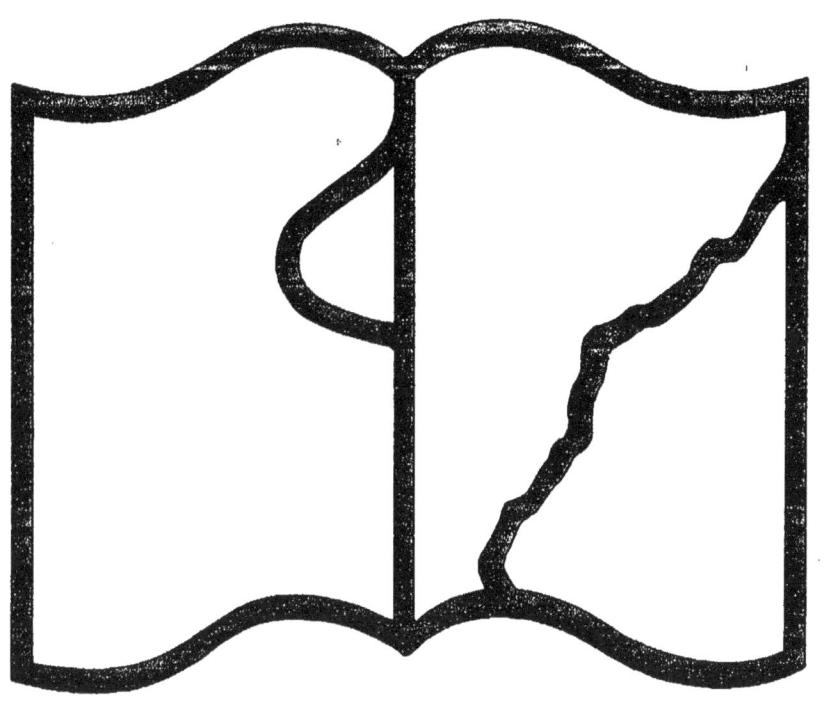

**Symbole applicable
pour tout, ou partie
des documents microfilmés**

Texte détérioré — reliure défectueuse

NF Z 43-120-11

ვიარვ

LE

MATÉRIALISME

ET

LA SCIENCE

OUVRAGES DU MÊME AUTEUR

A LA MÊME LIBRAIRIE

Essai sur le Mysticisme au XVIIIe siècle. Saint-Martin le philosophe inconnu. 1 vol. 1852.

Etudes morales sur le temps présent. 1 vol. 1855.

L'Idée de Dieu et ses nouveaux critiques. 1 vol. 3e édition. 1865.

La Philosophie de Goethe. 1 vol. in-8. 1866.
(Ouvrage qui a obtenu le prix Bordin à l'Académie française.)

Imprimerie générale de Ch. Lahure, rue de Fleurus, 9, Paris.

LE
MATÉRIALISME
ET
LA SCIENCE

PAR E. CARO

Professeur à la Faculté des lettres de Paris

PARIS
LIBRAIRIE DE L. HACHETTE ET Cie
BOULEVARD SAINT-GERMAIN, N° 77

1867

PRÉFACE.

Nous essayons de démontrer dans ce livre que les sciences positives, quels que soient d'ailleurs leurs étonnants progrès et leurs ambitions plus grandes encore, ne sont ni en droit de supprimer la métaphysique, ni en mesure de la remplacer.

Les adversaires de la philosophie vont répétant partout qu'elle n'a jamais été dans un discrédit plus profond qu'aujourd'hui, que son culte est déserté, si l'on excepte un petit nombre de fidèles persistants, voués par quelque infirmité secrète d'esprit à une idolâtrie obstinée; que ses rares adeptes n'apparaissent plus que de loin en loin dans l'immensité des régions intellectuelles, envahies par les sciences positives, comme des naufragés au milieu de la mer infinie, *rari nantes*. On nous assure que les savants, particulièrement les physiciens, les chimistes, les physiologistes, font profession de mépriser ce magnifique essor de la pensée spéculative que recommandent inutilement au respect public les plus grands noms de l'humanité intelligente depuis Platon jusqu'à Leibniz. Le premier article de foi que prétendent nous imposer certains dictateurs sans mandat de l'opinion scientifique, est de nous obliger, sous peine de déchéance intellectuelle, à n'admettre que les données et les résultats empiriques de l'étude de la nature, à rejeter tout le reste parmi les songes ou les fables.

En sommes-nous là vraiment? Est-il exact de dire que le divorce est irrévocablement accompli entre l'esprit philosophique et l'esprit scientifique? Nous ne le croyons pas. En dehors des positivistes, qui suppriment le problème métaphysique, et des matérialistes qui prétendent le résoudre à leur manière, j'aperçois un groupe nombreux et de jour en jour croissant, de savants qui reconnaissent hautement les droits de la philosophie, pourvu qu'elle observe ses propres limites et n'empiète pas sur le domaine des autres sciences. C'est ce groupe que j'appelle *l'école expérimentale* et que je me suis efforcé de distinguer par des traits précis de l'école positiviste avec laquelle on l'a trop souvent confondu.

Nous insisterons d'une manière toute spéciale sur l'étrange illusion que se fait le matérialisme scientifique en espérant remplacer la métaphysique, et sur la contradiction fondamentale que renferme son principe. Peut-il y avoir un matérialisme scientifique, c'est-à-dire un dogmatisme négatif à l'égard des *causes* et des *fins*, fondé sur l'étude purement expérimentale des *phénomènes* et des *lois?* Est-il possible d'imaginer une antinomie plus radicale que celle-ci : à savoir, une doctrine sur les questions d'origine immédiatement déduite des données de la physique et de la physiologie, qui ne concernent que l'ordre actuel et l'état présent de l'univers? Telle est la question que j'ai pris à tâche d'éclaircir par quelques considérations très-simples. Sur ce point si grave et si délicat, c'est l'esprit même de la méthode expérimentale qui sera notre arbitre.

Il nous sera permis de nous étonner que ceux qui se portent les adversaires les plus irréconciliables de la métaphysique en viennent si tôt, par une sorte de contrainte intérieure et de contradiction significative, à rétablir les causes premières sous d'autres formes et sous d'autres noms : l'atome absolu, la force éternelle. Peut-être serait-il sage d'en conclure que si la métaphysique est un mal, c'est un mal nécessaire avec lequel il faut vivre ; mais peut-être serait-il mieux encore d'en conclure que la nécessité qui ramène toujours cette métaphysique tant de fois maudite au sein même de certaines écoles dont la première démarche scientifique est de la proscrire, c'est au fond une loi de l'esprit humain, la loi la plus intime de son essence, qui le porte irrésistiblement à se mettre d'accord non pas seulement avec la réalité visible et ses phénomènes, mais avec la réalité invisible et le principe transcendant de toute réalité, dernier terme auquel sont suspendues la nature et la pensée.

LE MATÉRIALISME ET LA SCIENCE.

CHAPITRE I.

Des sciences positives dans leur rapport avec la métaphysique. — L'école expérimentale et l'école positiviste comparées.

Quand on parle des sciences positives[1] et de ceux qui les cultivent, il faut bien se garder de confondre l'école expérimentale avec le positivisme. Il y a quelque chose de commun

1. J'entends par *science positive* l'étude expérimentale de la nature, et par *métaphysique*, la science rationnelle des premiers principes et des premières causes, laquelle n'est pas positive et ne peut pas l'être, au sens propre du mot, n'étant pas susceptible de vérifications expérimentales.

entre ces deux écoles, comme nous le montrerons aisément ; mais par beaucoup de traits essentiels elles diffèrent. C'est ce que je voudrais établir par quelques exemples analysés avec précision. La conséquence de cette distinction n'est pas médiocre. Il s'agit du sort même et de l'avenir de la métaphysique ; il s'agit de savoir si elle peut vivre, si elle doit vivre, dans une paix honorable, dans une indépendance respectée, sous la condition de ménagements réciproques, à côté des sciences de la nature, ou si elle doit être définitivement supprimée par elles.

Nous n'aurons garde de refaire ici incidemment l'exposition ou la critique du positivisme. Il a été dans ces derniers temps l'objet de travaux si nombreux que nous nous croyons dispensé de revenir avec détails sur les principes, l'origine et le développement organique de cette école. Tout récemment encore, à l'occasion d'un livre de M. Stuart Mill[1], un savant distingué qui a

---

1. *Auguste Comte and Positivism*, by Stuart Mill.

voué sa vie à interpréter ou à défendre cette doctrine et qui a mis à son service de telles qualités d'esprit qu'on peut dire qu'il l'a fondée une seconde fois, M. Littré, en a résumé les traits principaux dans un débat public que je considère comme capital et dont nous ferons à l'occasion notre profit. C'est à cette dernière exposition que nos lecteurs pourront se référer en toute confiance, s'ils veulent se former une image exacte et fidèle de cette école, de sa physionomie propre et distincte. En faisant appel à ces souvenirs encore récents, nous pourrons essayer de répondre, sans plus ample informé, à ces questions que de nombreux et remarquables écrits, issus de l'école expérimentale [1], ont mises en quelque sorte à l'ordre du jour : quelle est l'attitude des savants désintéressés et sans parti pris devant la métaphysique ? S'il n'est pas vrai que le mode de penser parmi les

---

1. *Introduction à l'étude de la Médecine expérimentale*, par M. Claude Bernard. — *Histoire des connaissances chimiques*, t. 1er, par M. Chevreul. — *Les Problèmes de la nature*, par M. A. Laugel, etc.

savants soit exclusivement le mode de penser positiviste, à quoi tient le malentendu persistant de l'opinion qui les classe presque tous indistinctement dans l'école de M. Auguste Comte ? Il m'a semblé qu'il pouvait y avoir quelque opportunité à une libre enquête de ce genre, entreprise sans autre parti pris que celui de voir clair dans la confusion des idées, des doctrines et des noms propres.

J'ai parlé d'un malentendu. Il y en a toujours quelqu'un au fond de ces classifications arbitraires et artificielles que l'opinion s'empresse de dresser, comme pour se dispenser d'un examen sérieux. Il semble que ce soit pour elle comme un allégement de conscience de pouvoir ranger à la hâte sous une dénomination commune le plus grand nombre possible de penseurs ou de savants. C'est tout au plus un allégement de mémoire, souvent même obtenu au préjudice des plus grands intérêts, ceux de la vérité, de la justice historique, et des plus simples convenances à l'égard des penseurs originaux, qui s'indignent à bon droit de voir leurs noms inscrits pêle-mêle sous l'étiquette banale d'une catégorie sans rapport avec les traits précis et les formes vraies de leur individualité scientifique.

C'est par suite d'une confusion de ce genre qu'on s'est habitué à croire et à répéter, sur la foi de quelques oracles vulgaires, que tous les savants sont positivistes. Nous essaierons de faire voir comment cette confusion a pu naître, se répandre, s'enraciner dans le préjugé public. Nous montrerons qu'il y a en effet quelque chose de commun entre la science et la philosophie positive, puisque la conception du monde, objet le plus élevé que poursuive cette philosophie, ne représente rien autre chose à ses yeux que les résultats systématisés de l'expérience, les faits généraux de chaque science coordonnés hiérarchiquement dans un certain ensemble. Si les éléments de cette philosophie sont exactement les mêmes que ceux des sciences, auxquels elle a la prétention de n'ajouter rien, et si ces éléments ne sont rien que les résultats de l'expérience, il est trop clair, et c'est presque une naïveté de le dire, que la méthode des sciences physiques et naturelles doit entrer comme partie intégrante dans la définition de la philosophie positive. Il y a là une cause perpétuelle d'erreur pour les esprits inattentifs ou prévenus, qui les porte à croire que l'emploi habituel, exclusif même des méthodes positives, suffit à faire un positiviste. L'identité des mots ajoute encore à la confusion des idées, et n'est pas d'un médiocre secours pour la propager.

Il faut s'expliquer une fois pour toutes sur ce point en prenant un exemple décisif pour sortir de cette demi-obscurité que le langage abstrait crée autour des notions les plus simples et les plus claires.

J'ouvre le livre récent de M. Claude Bernard, l'*Introduction à la Médecine expérimentale*. J'y étudie avec l'attention que mérite tout ce qu'écrit un savant de cet ordre les principes et les lois de la méthode qu'il connaît si bien pour l'avoir admirablement pratiquée ; mais ce que j'y cherche avec un soin égal, c'est le sentiment particulier de l'auteur à l'égard de la philosophie. Assurément s'il est une œuvre qui au premier abord et à un coup d'œil superficiel paraisse appartenir à l'école positiviste par ses tendances, par son esprit général, par certaines formules, c'est bien celle-là. Examinons-la de plus près. Marquons avec soin l'ordre de phénomènes dans lequel se circonscrit l'auteur, l'ordre d'opérations intellectuelles dans lequel il se maintient, tout s'expliquera de soi. Telle proposition qui aurait une signification critique et presque menaçante pour la philosophie prendra aussitôt à nos yeux un sens inoffensif et tout naturel, si nous venons à réfléchir qu'il ne s'agit ici que de science positive. En lisant ce livre, il faut, pour en bien saisir la juste portée, avoir toujours cette distinction présente à l'esprit. A la clarté de cette réflexion, bien des équivoques involontaires se dissiperont.

Que signifie en effet ce grand principe du déterminisme sur lequel l'auteur revient avec une insistance marquée, comme pour mieux l'inculquer dans l'attention du lecteur ? Rien que de très-simple en vérité, si vous en limitez l'application à l'ordre des connaissances que poursuit exclusivement l'auteur, et dans lesquelles volontairement il borne son horizon; mais si vous en faites un critérium universel pour tous les ordres de connaissances, vous le transformez aussitôt en une redoutable machine de guerre contre la métaphysique et les vérités qui en dépendent. Voyons au juste en quoi consiste ce principe, et nous nous persuaderons sans peine que dans sa formule scientifique et dans ses applications variées aux phénomènes physiques, chimiques, physiologiques, il n'est ni à contester sérieusement, ni à redouter.

Le caractère essentiel de tout fait scientifique est d'être déterminé ou du moins déterminable. Déterminer un fait, c'est le rattacher à sa cause immédiate et l'expliquer par elle. Or, tel est le but de la méthode expérimentale, partout où elle s'applique : elle ne tend partout et toujours qu'à rattacher par l'expérience les phénomènes naturels à leurs conditions d'existence ou à leurs causes prochaines. — Que si un phénomène se présentait dans une expérience avec une apparence tellement contradictoire qu'il ne se rattachât pas d'une manière nécessaire à des conditions d'existence déterminées, la raison devrait repousser le fait comme un fait non scientifique. Il faudrait attendre ou chercher par des expériences directes quelle est la cause d'erreur qui a pu se glisser dans l'observation. Il faut en effet qu'il y ait eu erreur; car l'admission d'un fait sans cause, c'est-à-dire indéterminable dans ses conditions d'existence, n'est ni plus ni moins que la négation de la science. — La science n'étant que le déterminé et le déterminable, on doit forcément admettre comme axiome que dans des conditions identiques tout phénomène est identique, et qu'aussitôt que les conditions cessent d'être les mêmes, le phénomène cesse d'être identique : de telle sorte qu'un phénomène naturel, quel qu'il soit, étant donné, jamais un expérimentateur ne pourra admettre qu'il y ait une variation dans l'expression de ce phénomène sans qu'en même temps il soit survenu des conditions nouvelles dans sa manifestation[1]. Voilà dans sa plus simple expression le principe du déterminisme.

Ces règles, qui sont les conditions générales de la méthode expérimentale, doivent s'appliquer aussi bien dans les sciences biologiques que dans les sciences physico-chimiques. Là est une des nouveautés principales de ce livre. L'auteur repousse absolument de la science, telle qu'il l'entend, l'idée de l'indéterminé. La médecine n'est une science qu'à la condition qu'elle se soumette à cette première loi de toute science. Donc, chez les êtres vivants aussi bien que dans les corps bruts, les conditions d'existence de tout phénomène sont déterminées d'une manière absolue. Là comme ailleurs, la condition d'un phénomène une fois connue et remplie, le phénomène doit se reproduire toujours et nécessairement à la volonté de l'expérimentateur.

Tel est le principe de cette nouvelle logi-

---

1. *Introduction à la Médecine expérimentale*, p. 94, 95 et *passim*.

que de la méthode expérimentale que l'auteur lui-même résume ainsi : dans tout ordre de sciences physiques et naturelles, il n'y a pour nous que des phénomènes à étudier, les conditions matérielles de leurs manifestations à connaître, et les lois de ces manifestations à déterminer.

Ainsi expliqué, le principe du déterminisme ne soulève pas une seule objection. C'est le critérium scientifique par excellence, et dans l'ordre des phénomènes physico-chimiques comme dans l'ordre des phénomènes vitaux il s'applique sans restriction. Il n'y a de science positive qu'à cette condition. Le progrès de chaque science expérimentale se mesure exactement sur les applications nouvelles et l'extension de plus en plus large de ce principe. Le positivisme n'a rien ici à réclamer pour sa part. Il ne s'agit que de méthode positive, ce qui est bien différent, et dans ces limites le principe du déterminisme est inattaquable. Il n'appartient pas à une école, il est la règle et la lumière de la science.

C'est à la clarté de ce principe qu'il faut

lire certaines propositions auxquelles, je le sais, on pourrait attribuer une tout autre portée, mais que je considère pour ma part comme étant des suites et des dépendances logiques de ce principe. Quand M. Claude Bernard nous dit « que l'essence des choses doit rester toujours ignorée, que nous ne pouvons connaître que les relations de ces choses, non les choses elles-mêmes, et que les phénomènes sont non pas la manifestation de cette essence cachée, mais seulement les résultats des relations des choses entre elles [1], » remarquons qu'il parle des essences et des phénomènes matériels, et que ce serait détourner ces fortes expressions de leur sens légitime que de les appliquer aux réalités et aux phénomènes d'un autre ordre, qui ne sont pas ici en question. Cette observation est de la dernière importance pour qui veut lire cet ouvrage et n'y trouver exactement que ce que l'auteur a voulu y mettre. Lui-même prend soin de délimiter les applications de

---

1. *Introduction à la Médecine expérimentale*, p. 114.

cette règle. « La nature de notre esprit, dit-il, nous porte à chercher l'essence ou le *pourquoi* des choses. En cela, nous visons plus loin que le but qu'il nous est donné d'atteindre, car l'expérience nous apprend bientôt que nous ne pouvons pas aller au delà du *comment*, c'est-à-dire de la cause prochaine ou des conditions d'existence des phénomènes. *Sous ce rapport, les limites de notre connaissance sont dans les sciences biologiques les mêmes que dans les sciences physico-chimiques* [1]. » Puis, développant sa pensée, l'auteur nous montre avec la dernière clarté que, dans tous les ordres de la science expérimentale, quand nous avons trouvé la cause prochaine d'un phénomène en déterminant les conditions et les circonstances simples dans lesquelles il se manifeste, nous avons atteint le *but scientifique* que nous ne pouvons dépasser. Quand nous savons que l'eau et toutes ses propriétés résultent de la combinaison de l'oxygène et de l'hydrogène dans cer-

---

1. *Ibid.*, p. 137.

taines proportions définies, nous savons tout ce que nous pouvons savoir à ce sujet, et cela répond au *comment*, non au *pourquoi* des choses. Nous savons comment on peut faire de l'eau; mais pourquoi la combinaison d'un volume d'oxygène et de deux volumes d'hydrogène forme-t-elle de l'eau ? Nous n'en savons rien. De même en physiologie, si l'on prouve que l'oxyde de carbone tue en s'unissant plus énergiquement que l'oxygène à la matière du globule du sang, nous savons ce que nous pouvons savoir sur la cause de la mort. Pourquoi l'oxyde de carbone a-t-il plus d'affinité pour le globule du sang que l'oxygène ? Pourquoi l'entrée de l'oxygène est-elle nécessaire à la vie ? C'est là que nous sentons la limite de notre connaissance, et en supposant même que nous parvenions à pousser plus loin l'analyse expérimentale, nous arrivons à *une cause sourde* à laquelle nous serons obligés de nous arrêter sans avoir la raison première des choses [1].

1. *Introduction à la Médecine expérimentale*, p. 139.

Tout cela est très-vrai, de tout point incontestable. La science expérimentale peut remonter de quelques anneaux la chaîne des phénomènes. Elle ne peut pas sortir de la série des causes secondes et des effets, de la liaison nécessaire des antécédents et des conséquents. Son effort n'aboutira jamais qu'à reculer de quelques degrés la limite supérieure de notre ignorance ; mais cet effort est assez beau déjà, et rien ne prouve mieux la grandeur de la pensée que la conquête de ces vérités relatives et partielles sur l'immense inconnu que lui offre le monde ouvert devant nous.

Nous pouvons également souscrire, sans aucun scrupule métaphysique, aux raisons que nous donne M. Claude Bernard pour nous faire comprendre pourquoi la nature ou l'essence même de tous les phénomènes, qu'ils soient vitaux ou minéraux, nous restera toujours inconnue. La connaissance de la nature intime ou de l'absolu, dans le phénomène le plus simple, exigerait la connaissance de tout l'univers, car il est évident qu'un phénomène de l'univers est un rayonnement quelconque de cet univers dans lequel il entre pour sa part. La vérité absolue, dans les corps vivants, serait encore plus difficile à atteindre, car, outre qu'elle supposerait la connaissance de tout l'univers extérieur, elle exigerait aussi la connaissance complète de l'organisme, qui forme lui-même un petit monde dans le grand univers. La connaissance absolue ne laisserait rien en dehors d'elle, et ce serait à la condition de tout savoir qu'il pourrait être donné à l'homme de l'atteindre dans le plus simple phénomène[1].

Enfin, pour quiconque a le sentiment de la méthode scientifique, comment refuser de se ranger à cette règle que proclame le livre entier et qui en est comme la conclusion naturelle, à savoir, que la science positive ne doit se rattacher à aucun système philosophique; que le rôle du savant est de chercher la vérité pour elle-même sans vouloir l'employer à servir de contrôle à tel ou tel système; que, s'il a le malheur de prendre

---

1. *Introduction à la Médecine expérimentale*, p. 141.

pour guide un systeme, ou bien il s'égare dans des régions trop loin de la réalité, ou bien son esprit prend une sorte d'assurance trompeuse et une inflexibilité qui s'accorde mal avec la liberté et la souplesse que doit toujours garder l'expérimentateur dans ses recherches? Donc, pour l'expérimentateur, il ne saurait y avoir ni spiritualisme ni matérialisme. Ces mots appartiennent à une philosophie naturelle qui a vieilli; ils tomberont en désuétude par le progrès même de la science. Les causes premières ne sont point du domaine de la science positive. Nous ne connaîtrons jamais ni l'esprit ni la matière, et d'un côté comme de l'autre on arrive bientôt à des négations scientifiques[1]. — Par les procédés de la science positive en effet, nous n'arriverons jamais à la connaissance du fond intime des choses, ni au secret de leur essence, atome ou monade, esprit ou matière, ni à leur principe et à leur origine, Dieu ou la nature, l'évolution dialectique de l'idée ou

---

1. *Ibid.*, p. 113 et 386.

la source du mouvement innée à la molécule. Toutes ces questions et les autres semblables appartiennent à un autre ordre de connaissances, où le déterminisme scientifique ne pénètre pas.

Telle est l'expression rigoureuse des principes de l'école expérimentale. Nous pouvons saisir déjà ce qu'il y a de commun entre cette école et le positivisme, qui n'en est qu'une dérivation. Comme l'école expérimentale, mais non en termes plus forts ni plus précis, l'école positiviste soutient que, dans l'ordre actuel des choses tel qu'il nous est connu, la cause déterminative de chaque phénomène est naturelle, c'est-à-dire phénoménale, et que cette cause immédiate et prochaine est sa condition d'existence : elle donne pour objet à la science de découvrir cette connexion de deux faits. Elle établit que le but scientifique est atteint lorsque, par une analyse successive, la cause immédiate de chaque phénomène, sa condition d'existence a été trouvée dans quelque phénomène autre que lui ou dans quelque combinaison de phénomènes, à quoi il est conséquent d'une manière invariable. — Dans toutes ces propositions familières aux positivistes, nous reconnaissons précisément les principes de l'école expérimentale tels que nous venons de les analyser. Le fait de cette analogie, de cette identité plutôt, s'explique de lui-même, puisqu'il s'agit ici et là de la même méthode; mais on comprend que l'opinion du dehors, qui n'est pas tenue d'y regarder avec attention, ait pu être induite en malentendu par cette similitude et déclarer innocemment que la science contemporaine est positiviste. Il eût été plus juste de dire que le positivisme se confond à son origine avec la science, qu'il en est directement issu, qu'il en a gardé quelques traits essentiels et comme le type de famille; car, on ne saurait trop le répéter, ce n'est pas l'école expérimentale qui a pris à l'école de M. Comte ses principes et ses procédés, c'est le positivisme qui a pris à la science positive sa méthode et son nom. L'école expérimentale est plus ancienne que l'autre. Elle a commencé le jour où une expérience régulière a été instituée pour vérifier l'explication hypothétique d'un fait.

Suffit-il de cette analogie pour que l'école de M. Auguste Comte puisse réclamer légitimement les savants qui professent le principe du déterminisme et en pratiquent les règles? Assurément non. Et, pour spécifier la question, que faudrait-il pour que M. Claude Bernard, que j'ai pris comme type et représentant de l'école expérimentale, dût être rangé parmi les adeptes du positivisme? Bien des conditions seraient nécessaires pour cela, car l'orthodoxie est rigoureuse dans l'école de M. Comte; il n'est pas aisé à un penseur indépendant de s'y maintenir, à supposer qu'il y ait pris sa place. Or rien de moins évident à mes yeux que la conformité du mode de penser de M. Claude Bernard avec certains principes essentiels du positivisme. Sur deux points surtout, son indépendance absolue se manifeste avec éclat. 1° Contrairement à l'esprit de la doctrine positive, il fait une grande part à l'idée *a priori* dans la constitution de la science. 2° Contrairement à l'un des dogmes les plus arrêtés de cette école, il laisse un grand nombre de questions ouvertes, et par toutes ces issues il permet, dans une certaine mesure, le retour aux conceptions métaphysiques. — Je ne prétends pas blâmer dans M. Claude Bernard l'usage qu'il a fait de son indépendance ; bien au contraire, je le constate pour y applaudir, et je me félicite que le premier physiologiste de notre temps n'ait pas voulu asservir sa pensée à la jalouse orthodoxie d'une école qui ne passe pas généralement pour offrir beaucoup de liberté à ses disciples, ni beaucoup de chances de conciliation à ses adversaires.

CHAPITRE II.

L'école positiviste et l'école expérimentale comparées (Suite). — Le rôle de l'idée *à priori* dans la découverte scientifique. — Les questions réservées. — Exemples tirés des ouvrages récents de MM. Claude Bernard et Chevreul.

Il ne faudrait pas abuser de cette expression, *idée à priori*, pour attribuer à M. C. Bernard tout un système qu'il ne peut pas avoir, lui l'ennemi des systèmes, sur l'origine des idées, et pour le transformer en un partisan inattendu de l'innéité. Ce serait mal le comprendre et profiter indûment d'une sorte de trahison des mots, pour prendre contre sa vraie pensée, au profit de la métaphysique, des avantages qu'il ne voudrait sans doute pas lui accorder. Lui-même a soin de nous dire en termes exprès que ces *idées à priori* (qu'il appelle quelquefois même *expérimentales* parce qu'elles sont d'un emploi perpétuel dans la méthode des sciences positives) ne sont pas, à proprement parler, *innées*, qu'elles ne surgissent pas spontanément, qu'il leur faut pour naître une occasion ou un excitant extérieur. Mais ce qui nous importe plus que l'innéité de ces idées, c'est l'innéité de la faculté qui les produit, c'est l'éclatante constatation par l'habile et savant expérimentateur de la vigueur naturelle de l'esprit humain, de sa vertu inventive, de ses virtualités, c'est sa rupture manifeste sur ce point avec l'empirisme, qui ne veut rien admettre en dehors et au-dessus de l'expérience pure, qui ne peut consentir à aucun prix que l'esprit humain, par sa propre et intime énergie, par sa raison, dirige, règle l'expérience elle-même et constitue la science. La logique de l'empirisme se défie de cette intervention de quelque *à priori* dans l'expérience, que l'*à priori* soit l'idée ou la raison. Elle redoute les usurpations de cet hôte suspect, qui, une fois introduit dans la place, pourrait bien en devenir le maître. Les faits, rien que les faits analysés et coordonnés, cela suffit, et tout le reste est de trop. — La logique de l'école expérimentale est plus large et philosophique, bien qu'elle ne se pique pas de philosophie.

Ne craignons pas de mettre dans tout son jour, d'après M. Claude Bernard, le rôle de l'idée *à priori* dans la méthode expérimentale. Aussi bien quelle occasion meilleure pouvons-nous trouver de voir cette méthode en acte, analysée dans un de ses procédés les plus intimes, dans un de ses ressorts les plus délicats, dans une de ses opérations les plus fécondes, par un savant qui a su s'en servir avec tant de bonheur et lui faire produire de si admirables résultats ? Ce n'est plus ici une théorie abstraite, construite dans le silence du cabinet par quelque logicien. C'est toute une vie scientifique que cette théorie raconte : elle a été expérimentée dans la lutte avec la réalité même ; elle a été trouvée aux sources mêmes de la science. Elle est sortie du laboratoire avec les belles découvertes qu'elle a servi à faire, et qui méritent d'être ses vivants témoignages devant la philosophie comme devant la science. Quelle force et quelle autorité la parole de l'expérimentateur ne doit-elle pas emprunter au souvenir de ses propres travaux, consigné dans quelques exemples d'investigation physiologique qui viennent comme autant de preuves à l'appui de la théorie ! « Dans tous ces exemples, nous dit l'auteur, je me suis autant que possible cité moi-même, par cette seule raison qu'en fait de raisonnements et de procédés intellectuels je serai bien plus sûr de ce que j'avancerai en racontant ce qui m'est arrivé qu'en interprétant ce qui a pu se passer dans l'esprit des autres. » C'est là ce qui donne à mes yeux une si grande valeur à la théorie où sont résumées ces opérations successives et leurs conditions intellectuelles. Cette philosophie de la science expérimentale a un prix infini lorsqu'on se souvient que, pour arriver à la former, pendant de longues années l'auteur a remué lui-même (selon ses fortes expressions), dans l'hôpital, l'amphithéâtre et le laboratoire, le terrain fétide ou palpitant de la vie.

Les exemples les plus simples d'investigation expérimentale analysés par M. Bernard nous donnent les éléments suivants et dans cet ordre : l'observation d'un fait ou phénomène survenu le plus souvent par hasard; — une *idée* préconçue, une anticipation de l'esprit qui se forme instantanément, et qui se résout en une hypothèse sur la cause probable du phénomène observé; — un raisonnement engendré par l'idée préconçue, par lequel on déduit l'expérience propre à la vérifier; — l'expérience elle-même accompagnée des procédés plus ou moins compliqués de vérification. Nous n'avons pas à entrer dans le détail de ces opérations. Notre analyse s'attachera exclusivement à l'*idée à priori*, que M. Claude Bernard appelle l'idée directrice de l'expérience, et à laquelle il attribue une importance capitale dans la théorie de l'invention et de la découverte scientifique. Cette idée n'est, à ses yeux, rien moins que l'âme de la science et le secret du génie. « Les faits sont les matériaux nécessaires; mais c'est leur mise en œuvre par le raisonnement expérimental, c'est-à-dire la théorie, qui constitue et édifie véritablement la science. L'idée formulée par les faits représente la science. L'hypothèse expérimentale n'est que l'idée scientifique, préconçue ou anticipée. La théorie n'est que l'idée scientifique contrôlée par l'expérience. Le raisonnement ne sert qu'à donner une forme à nos idées, de sorte que tout se ramène primitivement et finalement à l'idée. C'est l'idée qui constitue le point de départ ou le *primum movens* de tout raisonnement scientifique, et c'est elle qui en est également le but dans l'aspiration de l'esprit *vers l'inconnu.* »

Ainsi donc, dans la méthode expérimentale, tout commence et s'achève par l'idée; mais d'où vient-elle elle-même? Comment surgit-elle tout d'un coup dans les obscurités de l'esprit? C'est elle qui donne le branle au raisonnement expérimental et à toutes les séries des opérations plus ou moins compliquées de l'expérience et de la vérification; mais elle-même comment naît-elle? Qui nous dira le secret de son éclosion subite? Il lui faut, nous dit-on, une occasion qui l'excite, un *stimulus* extérieur qui la provoque à la conscience d'elle-même, à la vie, à la lumière; mais cette stimulation extérieure ne fait que provoquer le phénomène, elle ne le crée pas. Il y a quelque chose d'antérieur à lui. Quel est ce je ne sais quoi ? A coup sûr, la méthode expérimentale n'a pas le droit de le nier, puisqu'elle n'existe que par lui. Il y a donc quelque part dans les profondeurs mystérieuses de l'esprit une virtualité, une énergie qui passe tout d'un coup à l'acte, qui se réalise dans l'idée. Est-ce un sens philosophique qui s'éveille au contact du fait, est-ce un vague pressentiment, une sorte de divination ? Mais quoi ! portons-nous donc dans notre esprit, à l'état latent pour ainsi dire, les grands secrets de la nature ?

M. Claude Bernard ne recule pas devant cette explication du phénomène intellectuel qu'il analyse. Seulement on peut regretter qu'il n'en tire pas toutes les conséquences que le fait comporte. Qu'importe, au surplus, s'il nous laisse le soin de les déduire après les avoir en quelque sorte préparées? Il nous dit expressément que c'est le *sentiment* qui est la source de cette idée, que cette interprétation anticipée des phénomènes de la nature vient en nous d'une sorte d'intuition. Or qu'est-ce donc que ces anticipations, ces intuitions, ces pressentiments de la vérité, sinon les produits naturels de la faculté métaphysique? Voilà le sens intuitif ramené au cœur même de la méthode expérimentale. Il y a donc quelque chose de commun (qui le croirait?) entre le métaphysicien scolastique et l'expérimentateur du Collége de France. Ce quelque chose, c'est l'*idée à priori*. Toutefois la différence est grande. Tandis que le scolastique impose son idée comme l'expression de la vérité absolue qu'il a trouvée, et affirme, sans autre preuve que l'orgueil de sa raison, la conformité de la réalité aux conceptions de son esprit, l'expérimentateur ne prend dans l'idée *à priori* que le point de départ. Elle précède l'expérience, elle la provoque, elle la féconde, mais en définitive elle est jugée par l'expérience, condamnée si l'expérience ne la trouve pas conforme aux faits, transformée en une théorie scientifique, si l'étude des phénomènes la confirme. L'idée *à priori*, chez le métaphysicien qui invente la nature au lieu de l'observer, est un système qui souvent fait outrageusement violence aux faits. Chez l'expérimentateur, ce n'est qu'une question qu'il adresse à la nature, avec la résolution d'accepter la réponse, quelle qu'elle soit, que lui fera la nature et d'y sacrifier, s'il le faut, les créations idéales de son esprit; mais sans cette question la science n'existerait pas.

C'est avec une sorte d'enthousiasme sévère que notre savant auteur évoque devant nous l'idée *à priori*, révélatrice des grandes lois. A l'accent ému de sa parole on reconnaît les joies austères de la pensée scientifique, souvent récompensée de son obscur effort par de vives et soudaines illuminations. « Son apparition est toute spontanée et tout individuelle. C'est un sentiment particulier, un *quid proprum*, qui constitue l'originalité, l'invention ou le génie de chacun. Il arrive qu'un fait ou qu'une observation reste très-longtemps devant les yeux d'un savant sans lui rien inspirer, puis tout à coup vient un trait de lumière. L'idée neuve apparaît alors avec la rapidité de l'éclair comme une sorte de révélation subite [1]. » Elle nous montre une relation nouvelle ou inattendue que l'esprit n'apercevait pas entre les choses. Les hommes qui ont le pressentiment des vérités nouvelles sont rares. Ceux qui font des découvertes sont les promoteurs d'idées neuves et fécondes. Ce n'est pas le fait nouveau qui constitue en réalité la découverte, c'est l'idée qui se rattache à ce fait. Les faits ne sont ni grands ni petits par eux-mêmes. La grandeur n'est que dans l'idée, elle n'est pas ailleurs. Que si maintenant nous cherchons aussi loin que cela nous est possible l'explication de ce phénomène, M. Claude Bernard ne peut en trouver d'autre raison qu'une sorte de pressentiment obscur et languissant chez les esprits ordinaires, vif, actif, lumineux chez

---

[1]. *Introduction à la Médecine expérimentale*, p. 59, 61, 266, 299, etc.

les esprits supérieurs, qui jugent tout d'un coup que les choses doivent se passer d'une certaine manière. « On peut dire que nous avons dans l'esprit l'intuition ou le sentiment des lois de la nature, mais nous n'en connaissons pas la forme. » L'expérience seule peut nous l'apprendre.

Je suis frappé, quand je lis ces pages d'une beauté si philosophique, de l'analogie que j'y trouve avec la théorie de l'invention scientifique exposée par Goethe dans ses *Aphorismes*. Tout ce que nous appelons invention, découverte, n'est pour lui, comme pour le physiologiste français, que la mise en pratique, la réalisation remarquable d'un sentiment originel de la vérité, qui, longtemps cultivé dans le silence, conduit inopinément, *avec la vitesse de l'éclair*, à une conception féconde; mais le poëte qui s'est exprimé jusqu'ici presque dans les mêmes termes que devait employer plus tard le physiologiste, reprend bientôt ses droits : « C'est une révélation qui se développe de l'intérieur à l'extérieur, qui fait pressentir à l'homme sa ressemblance avec la divinité. C'est une synthèse du monde et de l'esprit qui nous donne la plus délicieuse assurance de l'éternelle harmonie de l'être. » Ce sens intuitif peut même, selon lui, arriver dans certaines natures privilégiées à une sorte d'identité momentanée avec la réalité. Ce que M. Claude Bernard n'avance qu'avec précaution et non sans quelque embarras, Goethe n'hésite pas à l'affirmer. Il n'est pas douteux pour lui qu'il existe dans le sujet, l'esprit humain, des idées qui répondent à des lois encore inconnues dans l'objet, la nature. Le génie consiste à découvrir cette loi cachée dans les profondeurs muettes des choses, et dont il porte en soi la formule encore inaperçue.

Je ne sache pas d'hommage plus éclatant à la féconde spontanéité de l'esprit, à son activité créatrice, que cette théorie de l'invention scientifique, confirmée par les plus célèbres représentants de l'école expérimentale. L'esprit est donc capable de ravir par une conception heureuse les secrets enfouis au cœur de la nature, d'interpréter par anticipation, avant l'expérience, les grandes lois qu'elle nous dérobe sous la trame mêlée des phénomènes! Il porte donc en lui le pressentiment de cette vérité objective qui n'est que l'idée du monde! C'est un fait considérable que l'école expérimentale reconnaisse aussi expressément qu'il y a en nous l'intuition des rapports qui unissent entre eux les éléments de la multiple et mobile réalité. Sans doute elle nous impose des précautions infinies, des vérifications nombreuses, tout un appareil de sage contrôle pour nous préserver des entraînements de l'idée *à priori*, pour dissiper à la pure clarté des faits toutes les illusions qui peuvent s'être mêlées à nos conceptions vraies. Il nous faudra un grand travail, de longues études sur la réalité avant qu'il nous soit permis de nous confier à ces conceptions *à priori*. Nous ne le pourrons qu'après que nous aurons transformé cette intuition, ce sentiment vague des choses en une interprétation *à posteriori* établie sur l'étude expérimentale des faits; mais enfin c'est de nous, c'est de nos idées, c'est du fond intime de notre raison, c'est de l'activité féconde de notre esprit, que sort chaque découverte qui avance la science d'un degré, ou qui à certains instants la renouvelle. C'est le mouvement même de notre pensée qui se communique à toute la méthode et qui met en branle cet appareil si compliqué d'expériences d'où doit sortir la théorie, c'est-à-dire la science.

Que nous voilà loin de la *table rase* et des explications étroites, insuffisantes de l'empirisme! Si l'on tient absolument à éliminer de la science l'*à priori*, on n'admettra même pas cet *à priori* de l'esprit humain, et comment comprendre sans lui la seule expérience vraiment féconde, l'expérience active, celle qui va au-devant des faits, qui les sollicite, qui, portée toujours en avant par l'élan de l'idée, interroge la nature, lui pose des questions dans tous les sens, la contraint enfin, sous le poids de cette dialectique pressante, à livrer son secret, la loi, qui n'était hier qu'une conception problématique sans autorité, sans crédit, sortie des méditations d'un savant peut-être ignoré, et qui demain entrera dans le sanctuaire de jour en jour élargi de la vérité universelle ?

Que si, comme l'assure Goethe, il existe dans l'esprit humain des conceptions idéales qui répondent aux lois de la réalité, s'il est vrai, comme dit M. Claude Bernard, que nous ayons dans l'esprit l'intuition ou le sentiment des lois de la nature, comment ce rapport pourrait-il exister, s'il n'avait été établi par suite de quelque harmonie préconçue entre le monde et l'esprit humain ? Nous ne voulons pas en ce moment presser les conséquences de ce fait. Elles sont importantes cependant et méritent de n'être pas négligées. Si l'ordre est deviné, anticipé par notre raison, s'il y a une connexion naturelle et comme préétablie entre l'ordre dans les choses et la raison dans l'homme, cela ne signifie-t-il absolument rien ? Serait-ce une coïncidence fortuite et sans portée ? Ce serait vraiment là le miracle du hasard. Mais s'il devient évident que l'ordre dans le monde n'est que la suite d'un grand dessein, et que d'autre part la raison dans l'homme a été disposée pour concevoir cet ordre, de telle sorte qu'elle en porte au fond d'elle-même comme une image anticipée, bien qu'indistincte, dont l'expérience devra faire revivre les vestiges obscurs et l'empreinte encore vague, notre esprit pourra-t-il se refuser à une induction si naturelle qui rapporte à la même cause première et le dessein suivi dans la nature et le pressentiment de ce dessein tracé dans les conceptions idéales de notre raison? Je m'arrête pour revenir à l'école expérimentale, qui n'aime pas à pousser ses inductions aussi loin. J'aurais même dû m'arrêter plus tôt, de peur de faire tomber sur M. Claude Bernard un de ces soupçons qui de notre temps peuvent perdre un savant de réputation dans certaines régions scientifiques, le soupçon de métaphysique.

Cette part de l'esprit humain dans la formation de la science, cette activité originelle et propre, antérieure et supérieure à l'expérience, absolument inexplicable pour l'empirisme, a été marquée en traits non moins expressifs par un savant illustre, M. Chevreul, qui dans tous ses ouvrages, mais particulièrement dans ses *Lettres à M. Villemain* et dans son *Histoire des connaissances chimiques* [1], a développé des vues neuves et fines sur la philosophie des sciences expérimentales. Une critique hostile pourrait s'exercer sans trop de peine sur ce dernier ouvrage, dont le plan et le sujet offrent tout d'abord à l'esprit une grande complication. C'est moins en effet d'un objet spécial qu'il est traité dans ce premier volume de l'histoire annoncée que de l'ensemble de toutes les sciences qui appartiennent à l'immense domaine de la philosophie naturelle, de leurs rapports mutuels et de la méthode qui seule est capable d'imprimer le caractère scientifique à la réunion de leurs matériaux. L'esprit du lecteur se perd dans l'immensité du sujet et dans la subdivision des détails à l'infini. On est tenté parfois de s'étonner des rapports inattendus que l'auteur imagine entre la chimie et les branches les plus éloignées du savoir humain.

1. *Lettres adressées à M. Villemain sur la méthode en général et sur la définition du mot* FAIT. 1856. — *Histoire de connaissances chimiques*, t. 1er, 1866.

Il ne faudrait pas cependant, sur de si minces motifs, parler à la légère de ce livre, qui résume un si grand nombre d'observations et de considérations dignes du plus sérieux intérêt, une vie dévouée à la pensée et devenue inséparable de l'histoire de la science du dix-neuvième siècle par l'importance et le nombre des découvertes qu'elle nous a values. Il faut que notre frivolité littéraire s'incline devant des titres si considérables, et qu'elle nous permette de faire notre profit de ce trésor d'expérience scientifique amassé lentement pendant plus d'un demi-siècle de méditations. Or, dans le premier chapitre de ce livre où l'auteur nous expose les principes de la philosophie expérimentale, je remarque comme il s'attache à mettre en valeur et en lumière la spontanéité de l'esprit [1]. Voilà deux grands témoignages : l'un qui nous vient de la plus haute autorité

1. J'indiquerai surtout les considérations très-importantes sur le rôle de l'abstraction dans la perception des *propriétés* et des *faits*, et sur la part du raisonnement et de l'hypothèse dans la méthode *à posteriori*. — *Histoire des connaissances chimiques*, t. 1er, p. 15, 16, 28, 29, etc. — Voir la note *A* à la fin du volume.

dans les sciences physico-chimiques, l'autre que nous apporte un maître éprouvé dans les sciences biologiques; tous deux nous confirment dans cette conviction que la nature serait à nos yeux comme une lettre morte, si l'esprit par son activité propre, n'en interprétait les muets symboles. La science a besoin des matériaux que lui livre la réalité; mais c'est l'esprit qui fait la science. Elle n'existerait pas sans l'étude expérimentale de la réalité; mais elle n'existerait pas davantage, si l'esprit ne venait lui donner sa signification, son sens, éclairer, si je puis dire, de sa propre lumière projetée au dehors l'obscur tableau des choses.

J'ai indiqué un autre point où l'école expérimentale se sépare nettement des positivistes. Il s'agit de tout un ordre d'idées supprimées par eux, conservées par l'école expérimentale, sinon comme des points d'appui sur lesquels on puisse élever une théorie scientifique, du moins comme des pierres d'attente sur lesquelles il est permis à chacun d'élever l'édifice provisoire de sa foi ou de ses opinions personnelles, sans cesser pour cela d'être pris au sérieux comme penseur ou comme savant. La discipline rigoureuse de la philosophie positive ne pouvait se maintenir longtemps même parmi ceux qui en acceptaient les principes. Des esprits scientifiques, positifs par certaines habitudes et même par le tour général de leur pensée, mais moins exclusifs, ont bientôt senti le besoin d'admettre des tempéraments, des compromis ; ils ont cherché je ne sais quelle alliance, après tout fort désirable et moins difficile qu'on ne le suppose, entre deux sciences et deux méthodes dont on ne peut pas dire qu'elles s'excluent pour ce simple fait qu'elles ne tendent pas au même but et que chacune d'elles poursuit un ordre spécial de problèmes. L'un de ces libres esprits, que ses beaux travaux sur la synthèse chimique recommandent à l'attention publique quand il s'agit de philosophie expérimentale, M. Berthelot, a bien marqué cette distinction essentielle par le titre même d'une piquante étude : *la Science positive et la science idéale*, moins sceptique dans son esprit général que dans ses conclusions apparentes, plus favorable à la métaphysique qu'on ne pourrait le croire à une lecture superficielle. Il s'y révèle un mode de penser que je crois assez généralement répandu parmi les savants. M. Berthelot admet qu'il puisse y avoir autre chose à concevoir, — sinon à connaître expérimentalement, — que des liaisons de phénomènes, et qu'au delà des limites où s'arrête la science positive il soit possible, sans trop de mysticisme, d'apercevoir les contours et de tracer l'esquisse d'une certaine science idéale[1], où les principes premiers, les causes et les fins retrouveront leur place et la garderont légitimement, pourvu que l'on maintienne avec rigueur les frontières qui séparent ces deux régions, et qu'il ne puisse jamais y avoir entre les deux sciences voisines compétition de limites, em-

---

1. *Revue des Deux-Mondes*, 15 novembre 1863. — On pourrait encore définir cette situation philosophique en cherchant des exemples dans les dernières œuvres d'un écrivain scientifique très-distingué, M. Laugel (*Problèmes de la nature,* — *Problèmes de la vie.*)

piétement, conquête ni annexion frauduleuse ou violente. C'est là au moins une politesse à la métaphysique et comme un hommage dont il faut savoir gré à des savants. Ils la saluent de loin comme une puissance non hostile, mais étrangère, sans communiquer directement avec elle, mais en reconnaissant de bonne foi qu'elle a sur les esprits une autorité naturelle dont il faut tenir compte, et que, sur bien des points de la frontière commune, elle manifeste sa force presque irrésistible d'attraction.

Je ne crois pas me tromper en avançant que c'est bien là, mais avec une nuance de sympathie plus marquée, l'attitude de M. Claude Bernard à l'égard de la métaphysique. Il insiste pour laisser ouvertes les questions que les positivistes déclarent irrévocablement fermées. Je pourrais multiplier mes preuves. Je me bornerai à deux seulement, l'une que je tire de la conception qu'il s'est formée de sa vie, l'autre des considérations qu'il développe sur le rôle de la philosophie dans ses rapports avec la science.

Certes il n'entre pas dans l'esprit d'un homme qui professe aussi rigoureusement le principe du déterminisme d'en excepter l'étude des phénomènes de la vie. Son effort scientifique est au contraire de ramener ces phénomènes à leurs conditions irréductibles, opérant pour les problèmes physiologiques comme le chimiste dans la spécialité de la science, qui analyse successivement tous les éléments de la matière complexe, et parvient soit aux corps simples, soit aux corps définis, touchant ainsi dans cet ordre de faits aux limites de la science, c'est-à-dire aux conditions élémentaires des phénomènes chimiques. Le but de cette *Introduction à la Médecine expérimentale* est de nous convaincre que ces conditions élémentaires, pour les phénomènes de la vie, sont des lois et des propriétés physico-chimiques, et que c'est toujours à ces lois et à ces propriétés qu'il faut faire remonter les explications vitales, en d'autres termes que les propriétés de la matière vivante ne peuvent absolument être déterminées, c'est-à-dire connues scientifiquement que dans leur rapport avec les propriétés de la matière brute : d'où résulte que la science de la vie doit avoir pour bases nécessaires la physique et la chimie. Mais qu'on le remarque bien : on nous dit que la vie se manifeste toujours « concurremment et parallèlement » avec des conditions physico-chimiques. Nulle part on ne nous dit qu'elle en résulte comme de son principe. Elle est soumise à ces conditions et à ces lois, sans en être un effet et un résultat. Alors même que la science étendrait chaque jour plus avant l'intervention des lois générales de la matière dans les phénomènes vitaux, on ne pourrait en conclure qu'une chose, à savoir que ces phénomènes, une fois coordonnés dans leur ensemble, sont dans la dépendance de la physique et de la chimie. Cela ne prouve rien pour l'origine de la vie elle-même, distincte des phénomènes par lesquels elle se manifeste. Cela ne prouve pas que le commencement de la vie soit un fait mécanique, physique ou chimique. Cette distinction ne paraîtra subtile qu'à ceux qui n'ont pas étudié de près la question. Aussi M. Claude Bernard, cherchant à définir la vie d'un mot qui mette en relief le seul caractère qui, à ses yeux, distingue nettement la science biologique, ne trouve pour bien exprimer sa pensée qu'un seul mot : *création*[1]. L'organisme, une fois créé, est une machine qui fonctionne nécessairement en vertu des propriétés physiques et chimiques de ses éléments constituants ; mais ce que la science positive n'explique pas et n'expliquera jamais, de l'aveu du savant physiologiste, c'est le commencement, le *comment* de cet organisme. Là est le problème que la matière brute, réduite à elle-même et à ses propriétés, ne résout pas. Ce qui caractérise la machine vivante, dit expressément M. Claude Bernard, c'est non pas la nature de ses propriétés physico-chimiques, si complexes qu'elles soient, mais bien la création même de cette machine qui se développe sous nos yeux dans les conditions qui lui sont propres et

---

1. *Introduction à la Médecine expérimentale*, p. 161.

d'après une idée définie qui exprime la nature de l'être vivant et l'essence intime de la vie. Dans tout germe vivant, il y a ainsi une *idée créatrice* qui se développe et se manifeste par l'organisation, qui ne relève ni de la physique ni de la chimie, qui n'appartient qu'au domaine de la vie.

C'est cette idée, « directrice de l'évolution vitale, » qui crée dans l'organisme vivant l'unité centrale, la solidarité intime des parties, le *consensus*, l'harmonie de l'ensemble, toutes choses complétement étrangères aux lois du monde inorganique ; c'est elle qui préside au développement de l'être dans le sens de sa destination. Aussi, tandis que le physicien et le chimiste étudient les corps et les phénomènes isolément, pour eux-mêmes, le physiologiste et le médecin ne peuvent et ne doivent jamais oublier que l'être vivant forme un organisme et une individualité, d'où il résulte que, si la notion de causes finales reste nécessairement étrangère aux études du chimiste et du physicien, il ne peut en être de même pour le physiologiste, que ses études inclinent à admettre une finalité harmonique et préétablie dans le corps organisé, en raison de cette unité centrale qui rend toutes les actions partielles solidaires et génératrices les unes des autres[1]. — La vie est donc autre chose qu'une résultante des forces et des propriétés physico-chimiques dans des circonstances données. Elle précède le développement des propriétés organiques, lesquelles ne s'expliquent que par elle. Voilà d'un seul coup le commencement de la vie mis en dehors de la série des phénomènes matériels. Voilà en même temps et du même coup la finalité rétablie dans ses droits et à sa vraie place par un savant qui a passé tant d'années à observer les phénomènes vitaux. Voilà des *causes sourdes* rencontrées à la limite de la science positive, et qui, si elles ne répondent pas à la méthode expérimentale qui les interroge, répondent d'une manière significative aux questions de la métaphysique. Dans ces causes sourdes qui viennent

---

1. *Introduction à la médecine expérimentale*, p. 152, 161, etc.

se placer aux confins de la réalité matérielle, le philosophe (est-ce donc une illusion?) entend le retentissement de l'activité créatrice qui agit par elles, qui par elles renouvelle incessamment la face du monde, et à travers les siècles perpétue le prodige de la vie.

A cette limite où expirent en même temps le principe du déterminisme et le pouvoir des sciences positives, commence la métaphysique. Elle reprend aux mains du physicien et du chimiste la chaîne suspendue des phénomènes, et la rattache aux causes premières. Que sa tentative soit toujours heureuse, là n'est pas en ce moment la question. En soi, la tentative est légitime. L'école expérimentale le reconnaît expressément quand elle n'est pas dominée par l'esprit de système. Si elle écarte avec soin les théories philosophiques de son laboratoire, de peur de s'y asservir, elle est loin de mépriser et ne répudie pas d'une manière absolue l'effort spéculatif d'où elles sont sorties. Elle trouve même, sous la plume de M. Claude Bernard, pour louer ces aspirations de la pensée, des expressions magnifiques[1] qui prouvent bien que ce n'est pas le dérisoire hommage de la puissance du jour à la puissance déchue, et qu'elle croit sérieusement aux droits, à l'autorité, à l'avenir même de la métaphysique, pourvu que la métaphysique n'envahisse pas ses domaines réservés, et qu'elle laisse le savant libre et maître chez lui.

Je ne prétends pas que ce qu'on nous accorde soit suffisant et satisfasse de justes exigences. C'est quelque chose pourtant, ce peu qu'on nous accorde. Ce peu contient de grosses conséquences. On nous dit dans un noble langage que la philosophie représente l'aspiration éternelle de la raison humaine vers l'inconnu, qu'en se tenant toujours dans les régions élevées, limites supérieures des sciences, les philosophes communiquent à la pensée scientifique un mouvement qui la vivifie et l'ennoblit, qu'en la reportant sans cesse vers la solution inépuisable des grands

---

1. Voyez particulièrement le dernier chapitre de l'*Introduction à la Médecine expérimentale*.

problèmes ils entretiennent ce feu sacré de la recherche qui ne doit jamais s'éteindre chez un savant. On craindrait, si l'esprit philosophique venait à baisser parmi nous, que le savant n'en vînt à systématiser ce qu'il sait, à s'immobiliser dans la sphère de ses connaissances acquises. Le rôle de la philosophie est donc d'inquiéter la science en agitant devant elle la masse inépuisable des questions non résolues. En tendant sans cesse à s'élever, elle fait remonter la science vers la cause ou la source des choses ; elle lui montre qu'en dehors d'elle il y a des questions qui tourmentent l'humanité, qu'elle n'a pas même abordées, et qu'elle ne résout pas en les supprimant. On ignore, nous dit-on, si cette aspiration de l'esprit humain aura une fin, si elle trouvera une limite. Qu'importe ? Si elle aide la science à marcher sans cesse, à avancer toujours, son utilité est assez manifeste par là même et son droit consacré. — Ici encore l'école expérimentale marque avec insistance son dissentiment absolu avec les positivistes. Elle déclare hautement qu'elle n'admet pas la science qui prétendrait supprimer les vérités philosophiques, parce qu'elles sont actuellement hors de son domaine. Elle proclame que la vraie science ne supprime rien, mais qu'elle cherche toujours et regarde en face, sans se troubler, les choses qu'elle ne comprend pas. « Nier ces choses ne serait pas les supprimer; ce serait fermer les yeux et croire que la lumière n'existe pas[1]. »

Prenons acte de ces déclarations et ne nous étonnons pas trop, surtout gardons-nous bien de nous scandaliser, si l'on vient ensuite nous dire, en fixant les limites de la science et de la philosophie, que tout ce qui est déterminable appartient au domaine scientifique, et qu'il ne reste à la philosophie que le vague domaine de l'indéterminé. Dans le dictionnaire propre à l'école expérimentale, ces mots prennent une signification un peu différente de celle que l'usage leur attribue généralement. Rappelons-nous qu'il n'y a de déterminé, aux yeux de cette école, que les phé-

1. *Introduction à la Médecine expérimentale*, p. 390, etc.

nomènes que l'expérience a rattachés à leurs conditions d'existence, de telle sorte que l'expérimentateur puisse les faire varier à son gré, les reproduire toujours et nécessairement, ou les suspendre indéfiniment en agissant sur ces conditions. Or il est trop évident que ce criterium du déterminisme absolu ne trouve son application et son emploi que dans l'ordre des phénomènes matériels, et encore n'est-il pas rigoureusement démontré, bien que la science tende de plus en plus à ce résultat, que toutes les propriétés de la matière, par exemple celles de la matière vivante, puissent être déterminées de cette façon, c'est-à-dire connues scientifiquement dans leur rapport avec les propriétés générales de la matière brute, et que tous les phénomènes de la vie trouvent leurs conditions absolues d'existence dans les lois de la physique et de la chimie.

Si donc par hypothèse il existe des phénomènes d'un autre ordre, il ne faudrait pas s'étonner qu'ils fussent indéterminés. Ils seraient même par essence indéterminables dans le sens que donne à ce mot la science positive, c'est-à-dire absolument irréductibles à des conditions définies, inexplicables par les propriétés et les lois déjà connues de la réalité matérielle. Cela ne voudrait pas dire qu'ils n'existent pas, que les êtres auxquels ils sont censés appartenir soient de pures chimères. Cela signifierait simplement qu'ils sont hors des prises de l'expérimentation sensible et de la vérification positive. Cela conclurait non point contre leur existence, mais seulement contre la possibilité de les soumettre à nos instruments de précision, la balance et le calcul.

A vrai dire nous nous en doutions déjà. Nous savions que, si les causes dont s'occupe la métaphysique ne sont pas des illusions, elles ne sont pas pourtant de telle nature qu'elles puissent être déterminées avec la même rigueur et par les mêmes procédés que les phénomènes et les propriétés de la matière. Nous savions que, si ces forces existent, elles sont tout autre chose que des mouvements matériels liés par des rapports mutuels entre eux, de telle sorte qu'un de ces mouvements en détermine géométriquement une suite d'autres. Nous savions que, s'il y a des lois dans cette sphère supérieure, ces lois ne sont pas cependant de telle nature qu'elles puissent être définies dans une formule rigoureuse, exprimant le rapport numérique de l'effet à sa cause. En d'autres termes, il ne nous a jamais échappé, quelque ami que nous puissions être de la philosophie, qu'elle ne saurait prétendre au même genre de certitude que les sciences physiques et chimiques, qu'elle n'est pas et qu'elle ne peut pas être une science positive, que la nature des problèmes dont elle s'occupe lui interdit ce caractère, qu'aucun effort de rigueur croissante ne pourra jamais la ramener sous le niveau mathématique du déterminisme absolu. En vérité, rien de tout cela n'est nouveau pour nous; mais la question reste aujourd'hui ce qu'elle était hier : l'école expérimentale la laisse absolument dans les mêmes termes où elle a été mille fois posée. N'y a-t-il de science possible que les sciences positives? Ce qui revient à cette autre question : n'y a-t-il de réalité possible que celle qu'atteignent nos instruments matériels, aidés du calcul et dirigés par la puissance de l'esprit ? Mais cet esprit lui-même qu'est-il donc, sinon une de ces réalités *indéterminées* ? Et ce n'est pas l'école expérimentale qui refusera de l'admettre au rang des existences les plus avérées, elle qui a décrit avec une si merveilleuse précision les féconds emplois de son activité spontanée dans la méthode des sciences positives, sous la forme de l'idée *à priori*, directrice de l'expérience, révélatrice des grandes lois de la nature.

Résumons cette discussion. D'après l'exemple que j'ai pris, on peut voir maintenant avec la dernière évidence par où l'école expérimentale diffère de l'école positiviste.

Les deux écoles sont d'accord sur le principe et les règles du déterminisme scientifique ; mais ici s'arrête la ressemblance, et, si l'on en vient aux détails, on verra les différences éclater, se multiplier entre elles : quand on arrive aux précisions dernières, ces différences sont de telle nature que la plus subtile argumentation ne parviendra pas à les atténuer. La différence capitale, celle qui résume toutes les autres, c'est que l'une de ces deux écoles ne prétend qu'à établir d'une manière définitive la méthode scientifique, tandis que l'autre prétend fonder une philosophie, — la première se confinant dans la science, mais sans afficher aucune hostilité systématique pour les spéculations de la raison, l'autre se confinant également dans la science, mais proclamant que l'horizon de la science est celui de l'esprit humain.

Il y a dans l'école de M. Comte un dogmatisme rigoureusement négatif qui n'existe pas et qui ne peut pas exister dans l'école expérimentale, parce qu'il dépasse singulièrement ses droits et sa compétence. Ce n'est que par un abus de pouvoir que la science pourrait déclarer que la métaphysique n'a pas le droit d'exister, et pourtant cet abus de pouvoir, les positivistes le commettent tous les jours. Il n'est pas de dogme plus fortement établi parmi eux que celui qui sépare d'une manière absolue ce que l'homme sait et ce qu'il ne saura jamais. Et dans cet ordre de questions que l'on déclare inaccessibles, l'opinion n'est pas libre. Il faut sacrifier, sous peine d'encourir un blâme sévère, les fantaisies individuelles de la foi à la logique systématique des principes. M. Stuart Mill en a fait récemment l'épreuve. Il avait avancé dans son dernier ouvrage que ceux qui acceptent la théorie des stages successifs de l'opinion ne sont pas obligés de suivre jusqu'au bout M. Auguste Comte, que le mode positif de penser n'est pas nécessairement une négation du surnaturel, qu'il se contente de le rejeter à l'origine de toutes choses, et de là il concluait, non sans quelque hardiesse, que le philosophe positif est libre de se former à ce sujet l'opinion qui lui semble la plus vraisemblable. On sait ce que lui a répondu M. Littré, interprète rigoureux de l'orthodoxie en péril. « Il ne faut pas considérer le philosophe positif comme si, traitant des causes secondes, il laissait libre de penser ce qu'on veut des causes premières. Non, il ne laisse là-dessus aucune liberté; sa détermination est précise, catégorique : il déclare les causes premières inconnues. Les déclarer inconnues, ce n'est ni les affirmer ni les nier, et c'est, quoi qu'en dise M. Mill, laisser la question ouverte dans la seule mesure qu'elle comporte. Remarquons-le bien, néanmoins, l'absence d'affirmation et l'absence de négation sont indivisibles. »

Dans la rigueur des principes, il se peut que M. Littré ait raison contre M. Mill. C'est cet enchaînement des dogmes qui assure et maintient à la doctrine positiviste sa situation distincte parmi les savants et son autorité sur certains esprits. Moins exclusive, moins systématique, elle retournerait insensiblement vers l'école expérimentale, d'où elle est issue et où elle irait se confondre. Cette école ne se distingue en effet du positivisme que par ce trait qui est essentiel, qu'elle laisse aux savants une latitude complète de penser ce qu'ils veulent et de croire ce qu'il leur plaît en dehors des sciences auxquelles elle s'applique. Elle ne s'arroge aucun droit de régler les comptes de la raison individuelle, et son seul dogme est la liberté complète des dogmes hors de son domaine réservé. Ni formulaire d'aucun genre, ni *credo* officiel. Elle adopte comme siens tous les savants qui acceptent le principe de sa méthode, quelle que soit d'ailleurs la couleur de leurs idées philosophiques ou religieuses, Cuvier comme Geoffroy Saint-Hilaire, M. Chevreul aussi bien que M. Claude Bernard, M. Dumas aussi bien que M. Foucault, M. Pasteur comme M. Berthelot. Elle n'excommunie aucun de ceux qui reconnaissent dans l'ordre des phénomènes naturels sa juridiction, la seule dont elle se montre gardienne incorruptible et jalouse. Pourvu que les philosophes qu'elle rencontre sur les frontières de ses domaines ne viennent pas troubler ses libres recherches et ne lui imposent aucun de leurs systèmes à démontrer, elle est toute prête à reconnaître leurs droits. Aussi voyez quelle foule de savants, que diviserait sans doute la diversité infinie des opinions particulières, se presse dans l'enceinte de plus en plus élargie de cette école! C'est qu'elle représente la méthode, non un système. Elle correspond à la nature même des choses, non à certaines vues partielles de l'esprit. Elle est la science, elle n'est pas une secte.

Avec l'école expérimentale, la conciliation est possible. Elle n'est possible qu'avec elle. Grâce à elle, la métaphysique pourra se développer pacifiquement à côté de la science de la nature, à laquelle elle confine sur tant de points, sans se voir condamnée à perpétuité à cette guerre à outrance qui épuise en polémiques stériles des forces mieux employées de part et d'autre à l'avancement des deux ordres de sciences noblement rivales.

CHAPITRE III.

L'école matérialiste. — Ses origines. — Ses affinités avec le positivisme.

Cette conciliation et cet accord entre la science positive et la métaphysique ne sont-ils pas une utopie, un songe philosophique tel qu'aurait pu le faire le bon abbé de Saint-Pierre ?

A ne tenir compte que des apparences, il y aurait lieu de le craindre. A l'heure qu'il est, les positivistes eux-mêmes sont dépassés. Le matérialisme ne se contente pas, comme l'école de M. Comte, de supprimer la métaphysique, il prétend la remplacer. Il n'ajourne pas les problèmes sur les principes et les causes, il les résout et les tranche. Qui pourrait feindre à l'heure qu'il est d'ignorer les rapides progrès de ce dogmatisme nouveau, évolution suprême des écoles opposées à la métaphysique. Déjà plusieurs fois[1] les progrès de cette école ont été signalés et ses thèses principales combattues avec une vigueur de dialectique qui assurément rendrait notre travail inutile, si ce n'était à un autre point de vue que nous comptons nous placer pour examiner le matérialisme contemporain. Nous nous proposons uniquement de mettre en lumière la contradiction fondamentale entre le dogmatisme de cette école et les prémisses expérimentales qu'elle invoque. Que voyons-nous en effet? Tandis que l'école expérimentale, s'arrêtant aux limites de l'observation sensible, réserve entièrement les problèmes de cause, d'origine et de fin,

---

[1]. Consulter spécialement le *Matérialisme contemporain, Examen du système du docteur Büchner*, par M. Paul Janet. Nous nous trouvons exposé sur ce terrain commun à quelques rencontres avec cette remarquable étude. Il eût été de notre intérêt d'éviter ces rencontres; cela n'a pas toujours dépendu de nous, et les nécessités du sujet ont été plus fortes que notre désir et que notre intérêt bien entendu.

comme inaccessibles à la science positive, et que d'autre part le positivisme les supprime comme inaccessibles à la raison même, l'école matérialiste les tranche à sa façon. De quel droit et à quel titre? Si c'est au nom de la raison qu'elle prononce, comment concilier de pareils arrêts avec la méthode qui consiste à exclure rigoureusement comme entachée d'*à priori* toute intervention de la raison pure?

Elle ne peut donc logiquement résoudre ces questions que par l'expérience, ce qui est impossible, l'expérience donnant les faits et les conditions des faits, non les causes. C'est précisément cette prétention que nous venons combattre. Nous essayerons de montrer que, si ces esprits aventureux sont, comme ils le disent, des disciples de l'école expérimentale, ce sont des disciples révoltés. La méthode expérimentale leur interdisait de prendre parti dans le conflit des dogmatismes contraires; elle leur prescrivait de se tenir à l'écart et en dehors du champ de bataille, dans une indifférence absolue entre le spiritualisme et l'athéisme, se gardant bien, dans les questions de science pure, de nommer une cause première et même d'y penser, de peur des tentations. Et voilà qu'ils se jettent à corps perdu dans la mêlée des doctrines, défendant à outrance un système, se servant pour le soutenir de toutes les armes que peut leur fournir une science systématique, et, si ces armes leur font défaut, en empruntant au raisonnement *à priori*, qu'ils emploient sans s'en douter à chaque instant, par un entraînement irrésistible de l'esprit, dans la flamme et le feu de la lutte. Il est piquant de les entendre condamner sans pitié chez les autres l'emploi de cette sorte de démonstration et de les voir en user sans scrupule pour leur propre compte avec une sorte d'ingénuité, imitant la méthode des métaphysiciens avec de moins bonnes raisons et une inconséquence de plus.

Ainsi, pendant que les timides ajournent indéfiniment, réservent leur dernier mot, voici qu'un autre groupe plus jeune, plus nombreux, plus bruyant, tout prêt aux dernières entreprises, se lance avec résolution en dehors des barrières prudemment élevées par l'empirisme scientifique, et inscrit sur son drapeau, voué aux luttes violentes, ce nom qui semble un défi, le matérialisme.

Il y a quelques années à peine, ce mot ressemblait à une injure, et la polémique n'avait pas le droit de l'employer sans beaucoup de précautions et de réserves pour désigner une doctrine. Depuis un quart de siècle environ que les derniers échos de l'ardente parole de Broussais se sont éteints dans nos écoles, le moyen terme habilement fourni par le positivisme était adopté par les adversaires de la métaphysique. Les plus hardis ne franchissaient pas, ouvertement du moins, les limites d'un doute prudent. Aujourd'hui tous les scrupules de ce genre sont levés, et ces réserves mises de côté. Toute nuance intermédiaire tend à s'effacer, à disparaître; le temps des ajournements et des demi-mesures est passé, c'est l'heure des négations absolues. Pour vous en assurer, consultez les organes de la nouvelle génération scientifique et les publications diverses rédigées par elle-même dans toute la sincérité et l'abandon de son âge. — Les causes premières ne sont plus supprimées par simple omission, ni écartées par une sorte de fin de non-recevoir; elles sont supprimées systématiquement, remplacées par les causes matérielles et mécaniques. On ne relègue plus Dieu dans les sphères supérieures ou dans les régions purement idéales, inaccessibles à l'observation; on l'anéantit tout entier, le nom avec la chose. Ce n'est plus un doute méthodique, à demi cartésien encore que l'on élève; c'est sur une argumentation très-dogmatique que l'on fonde une science nettement athée. On est matérialiste, et on le dit.

Nous ne ferons pas un reproche à cette jeune école de sa franchise. Quelle que soit la couleur de l'idée que l'on adopte, j'aime qu'on la montre en plein jour à ses amis et à ses ennemis, plutôt que d'abuser habilement la foule des indécis et des neutres avec des nuances qui remplissent l'intervalle de deux couleurs; mais on conviendra qu'il y a là une évolution significative de l'esprit scientifique en France. Pour tous ceux qui pensent comme nous que les événements qui se passent dans la sphère des idées n'ont pas moins d'importance que ceux qui se produisent dans le domaine des faits, celui-ci a bien sa gravité. — Avons-nous besoin d'ailleurs d'avertir nos lecteurs qu'il ne s'agira, dans les pages qui suivent, que du matérialisme scientifique, théorique, lequel n'a rien de commun avec le matérialisme pratique, celui des passions mauvaises et des intérêts bas, le plus dangereux, le plus funeste, le seul qui mérite la colère et le mépris des honnêtes gens ? Le matérialisme que nous avons en vue appelle la discussion, voilà tout, et nous ne nous sentons pas né pour un autre office que celui-là. Cette déclaration préalable n'était pas superflue. On affecte trop souvent parmi nos adversaires de se tromper sur nos intentions quand il nous arrive de défendre les droits de la métaphysique. On feint de croire que c'est une cause dont nous nous sommes contitués les avocats d'office devant l'opinion et que nous venons plaider par je ne sais quel devoir de situation, par convenance autant que par conviction.

On loue ironiquement notre zèle ; on nous plaint de l'employer à des thèses compromises d'avance et presque désespérées. Nous avons le droit d'exiger qu'on cesse à notre égard un jeu pareil, dans lequel les discussions les plus sérieuses se dénaturent et se dégradent. Nous avons le droit de demander que l'on tienne compte de nos objections, si elles sont sérieuses, et dans le cas contraire qu'on en démontre l'inanité. Il est d'ailleurs parfaitement inexact de dire que nous défendons notre manière de penser par des considérations tirées de l'ordre moral. Nous sommes loin d'être indifférent sans doute à ce genre de considérations ; mais c'est aux principes que nous regardons d'abord. Les résultats peuvent être et sont en effet des confirmations éclatantes, une sorte de contre-épreuve de la doctrine ; ils ne peuvent en être jamais l'argument direct et la preuve immédiate. Il n'est pas moins inexact de prétendre que nous réfutons les systèmes contraires en étalant leurs conséquences devant l'opinion, trop facile à émouvoir, nous dit-on, trop sensible à ce genre d'objections. Personne plus que nous n'est convaincu que la critique philosophique ne doit tirer ses motifs que de la science la plus désintéressée, et que nos polémiques ne doivent jamais être des réquisitoires. Cette règle des discussions sérieuses, nous avons la conscience de n'y avoir jamais manqué; mais ce serait y manquer à notre égard que d'avoir l'air de se méprendre, comme on le fait, sur nos intentions exclusivement scientifiques. C'est une trop commune et perfide manière de discréditer des arguments incommodes que d'y chercher des sous-entendus, quand il n'y faut voir que des raisons, et de s'en débarrasser ainsi sans y répondre. Encore un coup, nous ne nous portons ni le champion d'un parti ni le sauveur de l'ordre moral, comme tendraient à le faire croire des épigrammes un peu usées. Notre parti, c'est la vérité, et s'il se trouve que la vérité philosophique soit le plus solide fondement de l'ordre moral, ce n'est pas à nous assurément de nous en plaindre[1].

1. Cette protestation, je le sais, sera fort inutile pour la légèreté inepte, quand elle n'est pas déloyale, de cer-

Sous quelles influences cette tendance au matérialisme s'est-elle si rapidement développée sous nos yeux, dans ces derniers temps ? C'est de l'Allemagne que nous viennent cette fois encore l'initiative et l'exemple. Nous nous faisions, il y a quelques années, d'étranges illusions sur la situation philosophique de nos voisins. Comme on commençait à lire en France Schelling et Hegel, on s'était imaginé que de l'autre côté du Rhin ces deux maîtres de la pensée pure régnaient encore. On s'était habitué à croire que vers l'extrémité du pont de Kehl habitait un peuple singulier, composé d'étudiants et de professeurs, livré aux innocentes extases du subjectif qui dévore l'objectif, à la contemplation de l'idée qui absorbe la nature, et proclamant du matin au soir dans le sanctuaire des universités que le seul Dieu qui existe est celui qui est en voie de se faire

---

tains esprits qui décident sur le titre d'un livre ou le nom d'un auteur. Mais elle aura toute sa valeur pour les intelligences sérieuses qui lisent et pour les consciences honnêtes qui jugent.

et que Hegel est son prophète. Pure illusion aussi bien dans le domaine des faits que dans celui des idées! Dans la politique, nous avons vu ce que ces prétendus mystiques de l'idéalisme savent faire quand ils s'y mettent. Ils nous ont bien montré que l'ivresse des idées transcendantes n'avait pas un seul instant obscurci pour eux la vue nette des choses pratiques et la clarté souveraine des intérêts. Nous savons maintenant, à n'en pas douter, que le génie spéculatif de nos voisins n'était pas aussi insensible qu'on pouvait le croire à l'attrait des avantages terrestres, ni étranger à la conduite des affaires temporelles. Nous avons vu la postérité intellectuelle de Hegel, la troisième génération après l'âge héroïque de Fichte, applaudir avec enthousiasme aux résultats très-positifs d'une politique peu scrupuleuse. En philosophie, nous avons eu le même désenchantement. L'idéaliste Allemagne est en train, à l'heure qu'il est, de devenir très-résolûment matérialiste.

Il ne faut pas confondre ce mouvement des

esprits avec un système d'athéisme tout dialectique qui fit grand bruit chez les Allemands de 1840 à 1848, et qui n'était, à vrai dire, qu'une interprétation outrée du principe de Hegel sur l'identité des contraires, de l'idée et de la nature, de l'esprit et de la matière, de Dieu et du mal. Le parti tapageur qu'on appelait alors l'extrême gauche hégélienne, la secte de MM. Bruno Bauer, Arnold Ruge, Feuerbach, ce tumulte philosophique de gros mots et d'insolences métaphysiques ne pouvaient avoir que la fortune passagère d'une émeute. Le seul résultat de cette philosophie provocatrice fut de dégoûter l'Allemagne de la philosophie transcendante et de jeter le discrédit aussi bien sur la droite que sur l'extrême gauche hégélienne. Ce qui a succédé à la domination éphémère des héritiers dégénérés de Hegel, ce qui domine en Allemagne à l'heure qu'il est en face des tentatives médiocres d'un spiritualisme renaissant, c'est un empirisme scientifique qui n'a pas tardé à donner ses conclusions et qui n'est pas autre chose qu'un matérialisme dogmatique, très-décidé, mais très-différent par ses origines et par sa portée scientifique de l'athéisme dialectique des derniers hégéliens. Cette nouvelle école se sépare violemment de ses prédécesseurs immédiats. Elle achève ainsi d'une manière définitive, avec d'autres armes et d'autres visées, la réaction contre l'hégélianisme, commencée non sans courage et avec une singulière verve d'invectives par Schopenhauer. M. Büchner particulièrement met toute réserve de côté. Il énumère non sans plaisir les outrages dont Schopenhauer accable « les trois célèbres sophistes de la période postérieure à Kant (*nach-kantish*)[1]. » Il insiste avec complaisance sur ce procédé de polémique qui consiste à enlever « leur masque à ces soi-disant mystères de la pensée absolue, » à montrer « le non-sens se réfugiant derrière l'obscurité de l'élocution, » à mettre au jour ce grand secret que « des pensées très-communes se cachent derrière un pareil

---

1. *Science et Nature*, par M. Louis Büchner, traduit par M. A. Delondre. — *Étude sur Schopenhauer.*

épouvantail d'expressions, » à dénoncer « cette satisfaction inexprimable de mots, cette *philosophie de mots*, caractéristique des têtes mal organisées, qui attache une signification extraordinaire aux idées les plus pauvres, les plus abstraites, les plus vides de réalité, qui bâtit des systèmes sur ces *cosses vides : Sein* (être, existence), *Wesen* (être, substance), *Ding* (chose), *Werden* (devenir). » Il applique à toute cette philosophie de l'abstraction le proverbe arabe : « j'entends bien le moulin faire son tic-tac, mais je ne vois pas la farine. » Plus de philosophie spéculative, voilà le mot d'ordre de la croisade nouvelle ; les adeptes le répètent à chaque instant, le commentent et le développent avec une sorte de fureur scientifique qui ne ménage ni les sarcasmes ni les injures. C'est de Fichte, nous dit-on, que date « la période de la mauvaise foi (*Periode der Unredlichkeit*). » Il faut qu'elle soit irrévocablement close. « Cette mauvaise foi est actuellement reconnue, la domination de la dialectique est finie, l'arbitraire dans la manière de construire l'édifice ne trouve plus aucune approbation sérieuse, et de tout l'éclat de cette philosophie il n'est resté que l'impression du sophisme. » Dialectique, scolastique, philosophie transcendante ou spéculative, métaphysique, c'est tout un : la duperie par les mots. La réforme doit être complète, absolue dans le sens de l'expérience et de l'induction physique. Toute notre science, tout notre être nous enracinent dans ce monde. Un au delà n'existe que pour la religion, non pour la vraie philosophie[1]. Que la métaphysique cède donc à la philosophie expérimentale, ou, pour parler plus clairement, à l'empirisme des sciences naturelles, seule base de cette philosophie. La nouvelle doctrine prouve sa bonne foi par la clarté même de son langage. Elle ne se révèle pas à la façon d'une apocalypse ; comme elle ne s'appuie que sur des faits réels, scientifiques, elle écarte avec soin « le verbiage de cette philosophie qui inspire aujourd'hui un

---

1. *Ibid., passim.* Voyez particulièrement le chapitre intitulé *Plus de philosophie spéculative.*

si juste dégoût aux lettrés et aux illettrés, et qui n'est rien que la raison en ivresse, ou qu'un pur charlatanisme, un batelage intellectuel[1]. »

Le vrai caractère de ce nouveau matérialisme se marque dans la définition que nous en donnent ses principaux adeptes. C'est un matérialisme physique et physiologique. MM. Moleschott et Büchner passent à bon droit pour en être les représentants authentiques. Si l'on place à côté d'eux le célèbre naturaliste M. Carl Vogt et le physiologiste M. Virchow, homme d'état et savant distingué, que j'hésiterais pour ma part à mettre dans cette compagnie, on a les fortes têtes du parti. Et ce n'est pas en Allemagne seulement que ces noms sont salués comme ceux des maîtres de la philosophie de l'avenir. A part même leur autorité purement scientifique, ils sont reconnus de ce côté du Rhin comme des chefs d'école.

---

1. Préface de *Force et Matière* (*Kraft und Stoff*), par Louis Büchner.

En France, un grand nombre d'esprits étaient préparés à recevoir cette influence. Diverses circonstances y devaient aider, parmi lesquelles il faut placer en première ligne la prédominance du positivisme dans la direction des sciences et particulièrement des sciences physiologiques et médicales. La période positiviste a été une période de préparation, je dirais presque de noviciat au matérialisme systématique qui se déclare devant nous par des professions de foi sans réticences. Je sais bien que cette assertion paraîtra contraire aux protestations multipliées des chefs du positivisme. Il ne m'échappe pas que M. Auguste Comte, en plusieurs occasions solennelles, a répudié toute connivence avec le matérialisme. Nous verrons tout à l'heure s'il avait le pouvoir d'arrêter ce mouvement, si même en bonne logique il en avait le droit. Constatons d'abord sa protestation et prenons bien garde de tomber dans ce ridicule qui consisterait à faire un matérialiste malgré lui. M. Littré, moins sévère pourtant que M. Comte pour l'athéisme dogmatique, le repousse en tant que système au même titre que le panthéisme. Ces deux systèmes sont également condamnés par la méthode positive[1]. Que l'on explique le développement du monde par l'action de la vie universelle, de l'esprit, du divin répandus dans tout être, ou qu'on l'explique par le mouvement et la forme des atomes, producteurs de la variété et de l'universalité des choses, dans les deux cas c'est une dérogation manifeste au principe de la méthode expérimentale. Considérer l'univers comme l'évolution de l'idée immanente et la manifestation du dieu intérieur mêlé et répandu dans sa vague substance, ou considérer la matière comme un *substratum* absolu et une cause première de toute chose, c'est faire assurément de la métaphysique ; ce n'est pas déclarer la question fermée, c'est la résoudre. Or, ce serait méconnaître dans ses principes le *philosopher positif* que de s'imaginer que, traitant des causes secondes, il laisse libre de penser ce qu'on veut des causes

---

1. *M. Auguste Comte et M. Stuart Mill.*

premières. Il ne laisse là-dessus aucune liberté ; sa détermination est précise, catégorique et le sépare radicalement des philosophies théologique et métaphysique ; il déclare les causes premières inconnues, et les déclarer inconnues, ce n'est ni les affirmer ni les nier d'aucune manière. « L'absence d'affirmation et l'absence de négation, dit M. Littré, sont indivisibles, et l'on ne peut arbitrairement répudier l'absence d'affirmation pour s'attacher à l'absence de négation. On ne peut servir deux maîtres à la fois, le relatif et l'absolu... Concevoir une certaine connaissance là où le philosopher positif met rigoureusement l'inconnu, c'est non pas concilier, mais juxtaposer les incompatibilités. » Systématiser ce que l'homme sait, le séparer rigoureusement de ce qu'il ne sait pas, c'est la règle fondamentale ; il n'y a point de *positivité* en philosophie dès que cette règle reçoit la plus légère atteinte.

Voilà des déclarations formelles qui semblent trancher la question, qui la trancheraient à coup sûr, si en philosophie comme ailleurs les déclarations de principes suffisaient ; mais c'est un fait depuis longtemps reconnu que, dans cet ordre de questions plus que dans tout autre, la neutralité est impossible à garder entre la négation et l'affirmation, et c'est dans le sens de la négation que l'école positiviste s'est trouvée entraînée malgré les résistances de son fondateur. Le positivisme circonspect, celui qui prétend constater simplement les faits et les classer sans remonter jusqu'à la cause, celui qui borne sa plus haute ambition à systématiser l'expérience, celui-là est presque abandonné à l'heure qu'il est, non par les maîtres, mais par la foule des disciples. Aux maîtres, les jeunes disciples prennent la méthode ; ils la complètent par une doctrine très-nette, absolument négative, qui est de la métaphysique encore, bien que retournée contre elle-même.

Faut-il s'en étonner ? A prendre les choses dans leur liaison naturelle et l'esprit humain dans sa logique, il n'en pouvait être autrement. Sur toutes ces questions, d'où il semble que dépendent nos plus hauts intérêts, ceux de la vie intellectuelle et morale, il n'est guère possible d'espérer que la raison se tienne longtemps dans ce milieu purement idéal de la neutralité absolue. Dans les tempéraments ardents, elle se révolte de l'interdiction qui lui est signifiée et passe outre; plus souvent encore, elle cède sans bien s'en rendre compte elle-même à cet attrait des grands problèmes, d'autant plus irritants qu'ils lui sont défendus, et instinctivement elle incline à les résoudre dans un sens ou dans un autre. Vous lui dites qu'un inconnu sans limites nous entoure, et vous exigez qu'elle ne fasse aucune tentative pour s'y avancer! Vous transformez l'idée métaphysique en une notion positive, celle d'une immensité réelle; mais, en proclamant que cette immensité est réelle, vous la déclarez inaccessible! Vous ne laissez entrevoir ces horizons, étendus sans bornes au delà de ce monde, que pour les fermer à jamais. Espérez-vous obtenir de la nature humaine cette abstention absolue? Attendez-vous d'elle un acte de résignation à des sacrifices qui la condamnent à vivre éternellement dans le relatif sans aucun regard vers cet absolu qu'elle devine derrière le voile des phénomènes, dont vous lui parlez sans cesse pour lui en interdire la recherche, et qui l'attire irrésistiblement?

Qu'arrive-t-il ? Vous avez voulu établir dans votre esprit et dans ceux qui suivent votre direction un état de désintéressement parfait entre le matérialisme et le spiritualisme; mais ce désintéressement n'est qu'apparent, provisoire, précaire. Par la nature même des choses, le doute ou la suspension volontaire du jugement dans cet ordre de problèmes n'est jamais la pure indifférence: il semble toujours plus voisin de la négation que de l'affirmation. Écarter comme inaccessibles tous ces problèmes, cela peut être un acte de prudence scientifique; mais dans cet acte même, il y a un effort déjà hostile aux instincts métaphysiques ou religieux de l'humanité. En vous croyant neutre, vous prenez parti, cette neutralité ne s'obtenant qu'au prix d'une sorte de contrainte. Aussi ne faut-il pas s'étonner, si l'on voit ces neutres se transformer si facilement et passer à l'état d'ennemis déclarés. On dit que, par son égal éloignement pour toutes les hypothèses métaphysiques, le positivisme fait régner l'équilibre; soit, mais, comme on l'a dit, c'est un équilibre instable qui finit un jour ou l'autre par se rompre, et quand il se rompt, ce n'est pas au profit du spiritualisme. Qui pourrait me démentir quand la preuve de ces faits abonde dans toutes les mémoires, dans toutes les mains? Est-ce M. Littré? mais quand il lui arrive de manifester quelque préférence pour une des deux philosophies qui sont en présence, est-ce jamais vers la philosophie spiritualiste qu'il incline? Assurément non, et quand on le voit accorder son patronage, l'honneur public de son nom et d'une préface à des pamphlets contre le spiritualisme[1], personne ne pourra voir là un symptôme de neutralité. Il paraît bien que la neutralité diplomatique

---

1. *Matérialisme et Spiritualisme*, par M. Leblais, précédé d'une préface par M. Littré.

des positivistes cache un traité secret d'alliance contre un ennemi commun, et peut-être y aurait-il quelque naïveté à s'imaginer que dans la grande mêlée des doctrines leurs préférences ou leurs vœux soient équivoques.

Cette tendance secrète au matérialisme se révèle assez clairement dans l'assimilation des sciences morales aux sciences physiques et naturelles, qui est un des traits les moins contestables du positivisme. Qu'on jette les yeux sur le *Tableau synoptique* qui résume l'ensemble du *Cours de Philosophie positive* de M. Auguste Comte : qu'y voyons-nous ? Une grande division dans la science des corps, selon qu'ils sont bruts ou organisés : la science des corps bruts comprenant l'astronomie, la physique, la chimie; la science des corps organisés comprenant la physiologie et la physique sociale. Dans la *physiologie* rentre l'étude positive des fonctions intellectuelles et morales, dans la *physique sociale* la statique sociale, ou théorie générale de l'ordre spontané des sociétés humaines, et la dynamique sociale, ou théorie générale du progrès de l'humanité. Je le demande en toute sincérité, placer les sciences philosophiques dans la science générale des corps organisés, ranger l'étude positive des fonctions intellectuelles dans la physiologie et donner le nom de physique sociale à la théorie de l'ordre et du progrès dans le monde moral, tout cela n'implique-t-il pas une solution anticipée des questions relatives à l'âme, à la pensée, à la liberté? N'y a-t-il pas là comme une présomption des réponses à faire dans cet ordre de problèmes? Ces noms mêmes, *science des corps organisés*, *physique sociale*, ne trahissent-ils pas l'opinion secrète des positivistes? Le matérialisme systématique ne trouverait rien à redire pour son compte à une pareille classification des sciences, si parfaitement conforme à ses vues, dans laquelle l'étude positive des fonctions intellectuelles et morales, ramenée à celle des fonctions cérébrales, n'est que la continuation et l'achèvement de l'étude de la vie animale proprement dite.

Voici d'ailleurs un fait à l'appui qui a

bien sa valeur. On sait qu'une partie des efforts du positivisme contemporain est dirigée contre la psychologie en tant que science spéciale. M. Littré critique vivement M. Stuart Mill pour n'avoir pas suivi sur ce point les vues du fondateur de l'école positiviste résumées dans ce principe, qu'il n'y a point de psychologie en dehors de la biologie. Suivant M. Mill, positiviste avec indépendance, la psychologie forme un ensemble de notions dont la biologie ne peut rendre raison. Elle doit donc avoir sa place à part dans la série des sciences, en dehors de la biologie ; lui refuser cette place distincte, c'est vicier la série, c'est rendre défectueuse la philosophie elle-même, dont le plus solide fondement repose sur la série hiérarchique des sciences. M. Littré repousse ces vues particulières comme portant atteinte aux bases mêmes de la philosophie positive. Il la déclare compromise, si l'on démontre que la psychologie, comme science spéciale, est indispensable à la constitution de cette philosophie.

Qu'est-ce à dire, et qu'y a-t il au fond de

ce débat ? Il s'agit de savoir si la psychologie est une dépendance de la biologie, une simple annexe de la science des corps organisés. Il se peut que la proposition de M. Stuart Mill dérange la symétrie des cadres si soigneusement tracés par M. Auguste Comte, et que l'harmonie des divisions et subdivisions du *Tableau synoptique* en soit troublée ; mais je n'hésite pas à dire que M. Stuart Mill, s'il est infidèle à la lettre du formulaire positiviste, est plus fidèle à l'esprit de cette philosophie elle-même, qui est de ne prendre parti ni pour le spiritualisme ni pour le matérialisme. C'est un acte de neutralité vraiment scientifique de demander, comme il le fait, que la question soit réservée, et que la psychologie se constitue à part, au titre et au rang d'une étude positive sans doute, mais spéciale et distincte de la biologie. C'est au contraire résoudre la question, c'est, au moins en apparence et malgré les plus subtiles protestations, en indiquer la solution dans un sens spécial, exclusif, déterminé, que de déclarer que la psychologie n'a aucun titre pour exister à part ; que tout ce qui est faculté, analyse, classification des facultés, jeu ou fonctions de ces facultés, appartient essentiellement, uniquement, à la physiologie cérébrale ; que si la physiologie n'est pas assez avancée pour assigner le rapport entre l'organe et la fonction intellectuelle ou morale, ce n'en est pas moins à elle uniquement qu'il appartient d'étudier les fonctions de ce genre. La psychologie, nous dit-on, se résout dans la biologie : facultés, conscience qui les observe, attention qui les analyse et grâce à la mémoire les classe, tout cela est dans la dépendance des phénomènes vitaux. On marque cette dépendance par un mot singulièrement expressif : les facultés affectives et intellectuelles deviennent, en langage positiviste, les *facultés cérébrales*. Tout le reste va de soi. On nous assure qu'il y a identité entre ces deux rapports : les manifestations intellectuelles et morales sont à la substance nerveuse ce qu'est la pesanteur à la matière, c'est-à-dire un phénomène irréductible qui dans l'état actuel de nos connaissances est à soi-même sa propre explication.

« De même que le physicien reconnaît que la matière pèse, le physiologiste constate que la substance nerveuse pense, sans que ni l'un ni l'autre aient la prétention d'expliquer pourquoi l'une pèse et pourquoi l'autre pense[1]. »

Soit ; mais qui donc parmi les matérialistes a jamais prétendu expliquer pourquoi la substance nerveuse pense? Eux aussi, ils se contentent de le constater et dans des termes identiques. La question est de savoir si c'est la substance nerveuse qui pense et si elle peut penser. Affirmer qu'elle pense, c'est trancher la question. Il suffit parfaitement au matérialiste que la pensée résulte d'un certain arrangement de matière sans que lui ni personne ait jamais pu déterminer ni les conditions spéciales de cet arrangement moléculaire (car on n'a jamais vu un cerveau pensant), ni le rapport de cet arrangement spécial avec l'aptitude à penser. Sur ce point encore, il y a parfait accord entre le positi-

---

1. M. Littré, préface au livre intitulé *Matérialisme et Spiritualisme*, p. xx.

visme et le matérialisme. J'en prends à témoin M. Moleschott, dont la doctrine n'est certes pas douteuse et s'est manifestée avec assez d'éclat. Que nous dit-il dans un discours récent prononcé à Zurich ? « L'identification de l'esprit avec le corps n'est pas une explication, c'est un fait ni plus ni moins simple, ni plus ni moins mystérieux que tout autre fait; c'est un fait comme la pesanteur. Personne assurément ne prétend expliquer la gravitation au moyen de distinctions entre elle et la matière. On la constate comme une propriété immanente, comme un fait sur lequel il est inutile de spéculer.... Il est aussi impossible de dire pourquoi le cerveau pense que de dire pourquoi le zinc et le cuivre, reliés entre eux par un conducteur humide, développent une force électro-motrice[1]. » Y a-t-il, je le demande, sur cette question de l'âme et de la pensée, une différence appréciable entre le langage du chef actuel des positi-

---

1. *Vie et Lumière*, discours prononcé à Zurich. — *Revue des Cours scientifiques*, année 1865.

vistes et celui des matérialistes les plus déclarés?

En tout cas, ceux-ci ont pu s'y tromper, et il est trop tard pour repousser l'honneur compromettant d'avoir si bien préparé cette postérité intellectuelle à comprendre les leçons qui allaient venir de l'Allemagne. Ce n'est pas à tort que les matérialistes de la jeune génération scientifique cherchent leurs ancêtres directs parmi les chefs du positivisme. M. Auguste Comte et ses disciples, devenus des maîtres, doivent accepter leur part de responsabilité personnelle dans l'éclosion des nouvelles doctrines. Eh quoi! espérait on endormir l'esprit humain sur ces grands problèmes? On demandait à la raison des sacrifices impossibles, une abstention dont la nature intellectuelle n'est pas capable. On traçait autour de l'esprit une limite idéale qui n'a pas été observée, qui ne pouvait pas l'être. La limite, une fois franchie sur un point, l'a été sur mille. C'a été un débordement, une irruption tumultueuse dans les régions interdites. Ajoutez à cette révolte contre une intolérable discipline l'influence des souffles venus de l'autre côté du Rhin, tout chargés des germes du matérialisme le plus contagieux. Jugez de l'effet que la révélation de ces paroles ardentes, hardies, dut produire sur une génération scientifique élevée avec tant de soin par l'école positiviste à l'écart de toute doctrine métaphysique ou religieuse, dans l'horreur traditionnelle des causes premières et des causes finales. On leur interdisait d'y penser ; mais n'était-il pas plus simple de les supprimer? Pourquoi donc laisser ces inutiles problèmes subsister à l'état d'éternel *peut-être* dans les régions vagues d'au delà ? Ne valait-il pas mieux couper court aux inquiétudes de l'esprit humain et lui ôter toute chance de retour ou de refuge vers les vieilles chimères en disant catégoriquement une fois pour toutes : « Il n'y a pas de causes premières. Ce qu'on appelait de ce nom ne diffère pas des causes secondes. Il y a une cause unique, une substance unique, la matière. » Des savants distingués, tels que M. Moleschott, M. Carl Vogt, avaient prononcé la parole sacramentelle de la science qui devait exorciser les derniers fantômes de l'absolu. Cette parole fut répétée avec enthousiasme par les disciples du positivisme fatigués d'une attitude de circonspection et d'une contrainte de langage qui n'en imposait plus à personne ni à eux-mêmes [1].

Voilà comment est née la jeune école matérialiste que nous voyons se propager autour de nous avec tant d'ardeur et une sorte de

1. « Nous reprochons, écrivait dernièrement un des représentants de cette école, à la philosophie positive d'être, au point de vue de la méthode, athée, matérialiste, sensualiste, et de ne point l'avouer. » — Un autre adepte très-décidé de cette école, écrivain distingué en divers genres, M. A. Lefèvre, porte exactement le même jugement que nous sur le positivisme dans un journal voué à la défense et à la propagande du matérialisme scientifique, *la Pensée nouvelle*. « Qu'on le sache bien, si les services du positivisme nous engagent à fermer les yeux sur ses faiblesses, nous ne sommes nullement dupes de ses réticences. Ses affirmations et ses dénégations ne nous abusent ni sur sa valeur propre, ni sur sa portée. L'école positive est une secte qui procède du matérialisme; elle ne vaut et n'a de portée que par le matérialisme. » Et les preuves sont déduites à l'appui de cette déclaration avec une netteté et une franchise qui ne laissent pas de refuge aux *réticences positivistes*. C'est le titre de cette piquante étude, et le titre est parfaitement justifié.

prosélytisme où éclate la sincérité de sa foi. Elle n'a pas encore conquis par elle-même ses titres scientifiques. Par la méthode et par l'éducation, elle est encore positiviste, on sent qu'elle sort de l'école de M. Auguste Comte ; elle en a retenu l'esprit, les procédés, le langage. Par le radicalisme de sa doctrine, par la nature des propositions sur lesquelles elle s'appuie et des démonstrations qu'elle invoque, elle suit le matérialisme allemand, elle est de l'école de M. Moleschott. En philosophie, elle n'a pas encore produit une œuvre qui compte devant la critique et qui ait pris rang dans l'opinion. C'est dans les applications, dans les thèses et monographies physiologiques, chimiques ou médicales, qu'elle a marqué sa force et ses ressources. C'est là qu'il faut aller recueillir les preuves de sa vitalité croissante et de l'étendue de son effort. Elle s'est révélée par l'esprit qu'elle insinue et répand dans tous les ordres de travaux techniques plutôt que par un corps de doctrine, par un ouvrage de quelque consistance et de quelque valeur philosophique.

Aussi, quand on veut prendre une idée générale de ce matérialisme nouveau, c'est dans ses maîtres allemands qu'il faut aller la chercher comme à sa vraie source. Eux seuls ont essayé de définir la conception nouvelle, de l'organiser, d'en poursuivre le développement du faîte des généralités les plus hautes jusqu'au détail des sciences particulières. Leurs disciples français se tiennent encore dans la région des applications et de la spécialité. Ils n'ont peut être pas tort ; ils y sont mieux à l'abri des indiscrétions de la critique.

CHAPITRE IV.

Les thèses principales du matérialisme scientifique.

Ce qui est nouveau dans cette école, ce qui la distingue de toutes celles auxquelles on serait tenté de la comparer, c'est sa prétention à ne rien affirmer que sur la foi de l'expérience positive. L'organisation scientifique de ce matérialisme restera comme une production spéciale et un signe de ce temps. C'est par quoi il diffère et de l'athéisme des encyclopédistes, qui n'était le plus souvent qu'une machine de guerre oratoire et politique dressée contre l'église établie, et de l'athéisme de M. Feuerbach, qui n'était qu'une application inattendue du principe de transcendance et une tentative comme une autre de spéculation pure.

Issu en droite ligne, sinon légitimement, des sciences physiques, chimiques et physiologiques, ce matérialisme se présente avec un appareil de démonstrations expérimentales qui peuvent faire illusion au premier coup d'œil. Rendons-lui cette justice qu'à quelques exceptions près il conserve le ton de la science; il ne lui arrive que rarement de déclamer et de s'emporter. Nous ne parlons pas des enfants perdus ni des enfants terribles du parti. Il évite avec soin tout ce qui peut ressembler aux déductions d'une dialectique abstraite ; il ne met en avant que l'autorité des sciences positives, interprétées d'une certaine façon, très-arbitraire sans doute, mais très-spécieuse. Son art est de coordonner une masse de faits, exacts pour la plupart, sous la loi de quelques généralités très-contestables, disposées habilement parmi les résultats les mieux démontrés, de telle sorte que l'esprit du lecteur passe par des transitions presque insensibles de l'expérience à l'hypothèse pure, et d'une vérité de fait à une conjecture énorme, à une conclusion hors de toute proportion avec son point de départ. C'est donc au nom de la méthode expérimentale, c'est sous ce patronage exclusif que les chefs du nouveau matérialisme se présentent devant la science du dix-neuvième siècle pour fonder une philosophie définitive de la nature qui remplacera à jamais les innombrables variétés de la philosophie de l'idée, toutes les formes de la religion de l'absolu.

Rappelons sommairement, d'après les *Lettres sur la circulation de la vie*[1], les thèses principales que l'on substitue aux données de l'ancienne métaphysique. L'ouvrage de M. Moleschott, devenu rapidement célèbre et presque classique en Allemagne, se compose de deux parties qui, bien que constamment mêlées entre elles, peuvent se séparer par l'analyse : quelques dissertations techniques sur des points de physiologie, et une réponse aux opinions philosophiques exprimées ou sous-entendues dans les *Lettres sur*

---

1. *La Circulation de la vie* (*Kreislauf des Lebens*), traduite par le Dr Cazelles.

la chimie de Liebig. L'objet principal du livre, à travers les épisodes et les parenthèses multipliées à l'infini, est d'établir l'unité et l'éternité de la substance dans la variété des changements de formes, le passage perpétuel de la matière d'un degré de l'existence à un degré inférieur ou supérieur. C'est à l'établissement de cette thèse que tend la partie philosophique du livre, celle où nous avons puisé les éléments de cette rapide analyse, résumée en une série d'aphorismes que nous commenterons quand cela sera nécessaire, que nous classerons dans un ordre logique sans trop tenir compte de l'ordre de fantaisie que leur impose le caprice de l'auteur ou son inspiration du moment.

Que l'on interroge ce livre, on arrivera toujours à ces trois propositions qui sont devenues le lieu commun du matérialisme contemporain : les fonctions et facultés mentales expliquées par la physiologie, l'histoire du *cosmos* ramenée tout entière à l'action des forces naturelles, ces forces naturelles elles-mêmes réduites par la physique à n'être que des modes variables du mouvement inhérent à la matière; voilà le programme universellement consenti, le *formulaire* que tous les matérialistes se déclarent prêts à signer des deux mains. Le principe du système, on le sait, l'axiome générateur est celui-ci : sans matière point de force, sans force point de matière. La matière n'est pas quelque vague substance à laquelle la force vient s'imposer du dehors. L'une ne peut se concevoir sans l'autre, si ce n'est par abstraction ou par hypothèse. Sans la force, la matière rentrerait à l'instant dans un néant sans forme. Sans la matière, la force, réduite à elle-même, se dissiperait dans l'abstraction pure. La force est une simple propriété de la matière, inintelligible en dehors d'elle et sans elle. Elle n'est pas un dieu qui pousse la matière du dehors, elle n'est pas non plus une essence des choses séparable de la substance; elle est une propriété inhérente de toute éternité à la matière, inséparable d'elle. Partout la matière est pesante, elle remplit l'espace, elle est susceptible de mouvements. Un de ses caractères généraux est de pouvoir, dans des circonstances propices, se mettre elle-même en mouvement[1].

La matière est éternelle. Ce qui ne peut être anéanti n'a pas pu être créé. Nul atome ne peut se perdre dans l'univers immense, nul atome ne peut y être ajouté ; la métamorphose continuelle des êtres nous montre, sous la variation incessante des figures et des combinaisons, toujours la même masse persistante, invariable. La balance nous permet de suivre à la piste la matière dans toutes ses transformations et nous donne la preuve qu'en sortant d'un système d'affinités quelconque elle représente la même quantité qu'elle présentait en y entrant. La quantité est décomposée, voilà tout. La destruction sert de base à la construction, donc le mouvement ne sera pas interrompu. Dans un système où tous les éléments attirent et sont attirés réciproquement, rien ne peut se perdre, tout s'échange, et de même que le com-

---

1. *Dix-septième lettre et passim.*

merce est l'âme des relations entre les hommes, de même la circulation éternelle de la matière est l'âme du monde. La force est indestructible comme la matière, elle ne peut être créée ni anéantie. Elle se transforme indéfiniment, elle ne varie que dans ses manifestations, non dans son intensité, qui est toujours, dans la somme de ses effets, égale à elle-même. Les théories physiques nous montrent avec la dernière précision la conversion réciproque du travail mécanique en chaleur et de la chaleur en travail mécanique. Des inductions autorisées nous permettent de prévoir le moment où toutes les forces de la matière, qui ne sont que des mouvements diversifiés, se transmettront les unes dans les autres et se ramèneront à l'unité. Quand dans un corps une propriété nouvelle apparaît, il y a là non pas création d'une force nouvelle succédant à une force anéantie, mais transformation de la même force dans des circonstances et des applications nouvelles. Pas de repos dans la nature, toute son existence n'est qu'un mouvement circulaire dans lequel chaque mouvement, produit par un mouvement antérieur, devient à son tour la cause d'un autre mouvement équivalant exactement à sa cause ; nulle part lacune, perte ni excédant. Rien ne croit, ne naît, ne disparaît, rien ne commence et ne finit ; la vie universelle est un cercle dans lequel les causes et les effets se lient sans discontinuité et forment une série d'anneaux où chaque anneau peut être considéré comme le premier et le dernier, comme le commencement et la fin de la chaîne immense.

Quant aux lois, elles ne sont que les rapports nécessaires, mécaniques entre les forces, c'est-à-dire entre les mouvements, rapports mathématiques que toutes les sciences doivent se proposer d'atteindre puisque le progrès de chacune d'elles, de la physiologie aussi bien que de la physique, consiste à faire rentrer les écarts et les divergences des phénomènes en apparence les plus inexplicables dans les infaillibles calculs du déterminisme universel. La méthode positive veut que l'on écarte absolument des explications de la nature tout ce qui n'est pas nécessité absolue, géométrique, tout ce qui impliquerait un choix quelconque ou quelque finalité dans la liaison des phénomènes. L'activité éternelle de la nature s'exprime par des mouvements divers en apparence, et qui ne sont que des cas particuliers de la mécanique universelle. Les lois, répète sans cesse M. Moleschott, sont l'expression la plus rigoureuse de la nécessité : d'où l'on peut induire combien il est anti-scientifique, c'est-à-dire absurde, de considérer le gouvernement de l'univers comme le cours d'un ordre réglé et déterminé d'avance par un esprit qui gouvernerait du dehors tout en poursuivant la tâche pénible, impossible même de s'accorder avec des lois immuables. Ici se pose un dilemme fameux dans l'école et que l'on varie avec complaisance sur tous les tons, plaisant ou grave, ironique ou didactique. Ou ce sont les lois immuables de la nature qui gouvernent, ou c'est la raison divine : il faut choisir. Si la raison divine gouverne, les lois sont superflues ; si au contraire ce sont les lois qui gouvernent, elles gouvernent immuablement, c'est-à-dire qu'elles excluent toute intervention d'une cause étrangère. Or tout nous atteste l'existence des lois immuables. Il faut donc bien croire que l'idée de Dieu est la plus inutile des chimères. Si par hasard Dieu existait, son autorité ne pourrait être que purement honoraire. Dans ce cas, il faudrait dire de Dieu ce qu'on disait du roi constitutionnel : Dieu règne et ne gouverne pas. Dieu règne, et ce sont les lois qui gouvernent. Pour l'honneur de Dieu, autant dire qu'il n'existe pas.

Il ne faut donc pas chercher dans des espaces imaginaires, en dehors de ce monde, une retraite où la fantaisie et la superstition puissent se réfugier. Partout où atteint l'expérience, les lois physiques étendent leur empire, qui ne cesse que là où nos sens ne pénètrent plus. On peut donc en inférer qu'en dehors des espaces où s'étend la matière il n'y a rien. Le monde est un infini réel, c'est-à-dire composé des mêmes substances, animé par les mêmes forces, contenu par les mêmes lois. L'étude empirique de la nature, de quelque côté qu'elle se porte, ne peut trouver nulle part trace d'une influence surnaturelle, ni dans l'espace ni dans le temps. Dans le grand tout, il n'y a que lui. — L'histoire de l'arrangement, de l'organisation du *cosmos*, de l'éclosion de la vie et de la pensée à la surface de cette planète que nous habitons, tout cela pourrait être déduit *à priori* des lois mathématiques du mécanisme universel, s'il était possible de réunir toutes les données, tous les éléments du problème. Il faut laisser là l'histoire fabuleuse de certaines périodes déterminées dans la création de la terre. Tout s'explique par l'action lente et successive des mêmes forces physiques que nous voyons agir encore aujourd'hui, mais en des intervalles de temps immenses. Des milliers d'années sont au chronomètre de la nature un seul mouvement de pendule, ce qu'est un moment pour nous.

Par là se trouvent en même temps résolus tous les problèmes relatifs à l'origine de la vie. La paléontologie, les couches successives de terrains, les flores et les faunes diverses, tout indique, nous dit-on, que les êtres organiques qui peuplent la terre ne doivent leur existence et leur propagation qu'à l'action réciproque des substances et des forces connues. Il ne faut pas aller chercher l'explication de ce phénomène dans la chimère d'une force vitale, cette entité imaginaire inventée pour combler un vide de notre ignorance. Cette force vitale serait en contradiction avec le plan général des forces. La vraie force vitale est non pas un principe, mais un résultat. Vivre n'est qu'une application et une force particulière de la mécanique. La flamme de la vie, le feu dérobé par Prométhée, se résout pour nous dans les forces physiques et chimiques. L'organique et l'inorganique ne se distinguent que par le degré de complication. Aussitôt que la matière a atteint un degré déterminé de composition, la fonction de la vie prend naissance avec la forme organisée[1]. La conservation de cet état de composition chimique au milieu de l'échange constant des molécules

1. *Cinquième, dix-septième lettre et passim.*

produit la vie des individus. La vie n'est donc rien qu'un état de la matière fondé sur ses propriétés inaliénables, résultat de mouvements spéciaux que provoquent la chaleur, la lumière, l'eau, l'air, l'électricité et les ébranlements mécaniques. L'œuvre du physiologiste est de suivre dans son évolution graduelle la matière, soit qu'elle monte, soit qu'elle descende dans la série des êtres, selon qu'elle se compose ou se décompose, depuis la formation de la terre, de l'air et de l'eau jusqu'à la création de l'être susceptible de croître et de penser. « Une bouteille contenant du carbonate d'ammoniaque, du chlorure de potassium, du phosphate de soude, de la chaux, de la magnésie, du fer, de l'acide sulfurique et de la silice, est d'une manière idéale le principe vital complet. » Tout ce que nous appelons corruption, désorganisation, mort, n'existe pas dans le sens propre du mot; dans la circulation incessante de la matière, il n'y a ni commencement ni fin. Que les éléments dissociés se rencontrent de nouveau dans des combinaisons convenables, et l'animal naîtra. C'est l'affinité de la matière qui est la toute-puissance créatrice (*schaffende Allmacht*). De là on peut conclure à l'inutilité et à l'absurdité des causes finales. Le monde organique aussi bien que le monde inorganique n'est qu'une série mathématiquement ordonnée de résultats, non un plan pensé et voulu, non une harmonie d'intentions liées entre elles ; c'est un pur théorème de mécanique. Les forces agissent nécessairement, aveuglément, et de leur concours résulte la diversité infinie des êtres.

L'âme, la pensée, la volonté, que deviennent-elles ? quelque chose de très-simple en vérité, et qui concorde avec le reste du système. Ce qu'on appelle l'âme, l'ensemble des forces mentales, n'est rien que le produit d'une composition extraordinaire de la matière. Il faut suivre jusqu'au bout la *loi d'équivalence* des forces physiques pour trouver le secret que les psychologues ont cherché en vain. C'est M. Herbert Spencer (il ne sera pas assurément désavoué par M. Moleschott) qui a poussé aussi loin que possible cet essai de généralisation de la loi d'équivalence et du principe des transformations de la force. D'une part les forces vitales sont en corrélation exacte et directe avec les forces physiques, et d'autre part elles sont la source des pensées et se dépensent à les produire. L'activité mentale est l'équivalent exact de l'activité de l'oxydation du cerveau. « Les modes de conscience appelés pression, mouvement musculaire, sensation de son, de lumière et de chaleur, sont produits en nous par des forces qui, si elles se dépensaient d'une autre manière, mettraient en pièces ou en poussière des morceaux de matière, engendreraient des vibrations dans les objets environnants, opéreraient des combinaisons chimiques ou feraient passer des substances de l'état solide à l'état liquide... Toutes choses égales, ce que nous appelons quantité de conscience est déterminé par les éléments constitutifs du sang... La production des forces intellectuelles dépend directement des changements chimiques. La quantité d'action mentale est en rapport avec l'oxydation du phosphore qui entre dans la composition de la substance cérébrale[1]. » L'âme humaine ne diffère donc pas de l'âme des animaux par la qualité, mais seulement par la quantité. La pensée est un simple mouvement de la matière. Le rapport est le même entre la pensée et les vibrations électriques des filaments du cerveau qu'entre la couleur et les vibrations de l'éther. Quant à la volonté, il implique contradiction au plan universel qu'elle soit autre chose que l'expression mécanique d'un état du cerveau déterminé par les actions extérieures.

Cette théorie a pour conséquence (qui le croirait?) une théorie du progrès. Quelle est, d'après ces données, la vraie destinée de l'homme? quelle est la loi de l'évolution graduelle de la société, liée intimement à l'évolution graduelle de la matière? « Tout

---

[1]. Voyez, dans la préface du traducteur des *Lettres sur la Circulation de la vie*, plusieurs citations des *Premiers principes* de M. Herbert Spencer évidemment destinées à montrer l'affinité de la doctrine de M. Spencer avec celle de M. Moleschott.

le labeur de l'homme, dit Moleschott, s'effectue dans des voies qui aboutissent, comme autant de rayons, au cercle que la matière doit parcourir. La lutte se rapproche ou s'éloigne du centre suivant les degrés de notre savoir. Plus nous concevons clairement que nous travaillons au plus haut développement de l'humanité par une judicieuse association d'acide carbonique, d'ammoniaque et de sels, d'acide humique et d'eau, plus aussi deviennent nobles la lutte et le travail au moyen desquels nous cherchons à fixer sur le plus court chemin, au dedans du cercle, la rotation des éléments[1]. » La question sociale n'est donc plus aux mains du politique ni de l'économiste, elle est tout entière aux mains du naturaliste. Au fond, la misère n'est qu'un manque de matière, qui s'exprime indirectement par un manque d'argent. La solution de la question de la misère est donc dans une meilleure répartition de la matière. Il y a des sels en quantité excessive, nous n'avons

---

1. *Sixième lettre*, t. 1er, p. 68.

qu'à les extraire en fouillant les entrailles de la terre. Les combinaisons organiques (l'albumine, la graisse et le sucre) sont éternelles, puisque la plante les prépare avec des corps simples qui sont eux-mêmes éternels, et que l'animal, après les avoir consommées, les rend au règne végétal sous forme d'ammoniaque, d'acide carbonique et d'eau. Une répartition raisonnable de la matière, voilà l'œuvre sociale et humanitaire de la science. Le devoir le plus sacré du savant est donc d'analyser les terres, les pierres, les plantes et les animaux, afin d'apprendre à apprécier les rapports exacts de cette répartition, à balancer le budget des recettes par celui des dépenses, la quote-part contributive de chaque être par la quantité correspondante des besoins qui réclament leur satisfaction légitime.

Une seule substance en acte, c'est-à-dire en mouvement de toute éternité, une seule force diversifiée à l'infini, mais dont les manifestations variées sont réductibles à l'unité, toutes susceptibles de se transformer les unes dans les autres; une seule loi, multiple en apparence par le nombre et la complexité des applications, et qui au fond n'est que mécanique pure, voilà le résumé de la doctrine. Le point fondamental, c'est le principe de l'unité absolue de la nature, cette idée que, dans la variété des phénomènes physiques, intellectuels et moraux, il n'y a pas de passage brusque d'un ordre de substance à un autre ordre, qu'il y a seulement transition insensible, ascension graduelle d'un ordre de formes et de phénomènes à un autre, dont l'ordre précédent contient la raison d'être et détermine les conditions. Chaque terme inférieur explique et produit le terme supérieur. C'est dans la matière que réside le principe du mouvement. C'est dans le mouvement qu'est la raison de la vie. C'est dans la vie qu'est la raison de la pensée. De sorte qu'en retournant au premier terme de la série on voit que la pensée et la vie ne sont que des formes du mouvement, lequel est la propriété originelle, inhérente à l'éternelle matière. Quant à la nature, n'ayant pas de principe transcendant, elle n'a pas de but ni de fin en dehors d'elle-même. Elle est à elle-même cause et fin, principe et création, perfection enfin, puisque du premier anneau au dernier anneau de la chaîne elle est identité et nécessité.

CHAPITRE V.

La conception matérialiste et la conception panthéistique du monde comparées. — Avantages de l'hypothèse matérialiste au point de vue de l'unité et de la simplicité.

Avant d'examiner la légitimité des titres scientifiques que l'hypothèse matérialiste fait habilement valoir devant l'opinion, j'ai pensé qu'il pourrait y avoir quelque intérêt à placer en regard de cette conception celle du panthéisme, qui après avoir été une des tentations de la raison contemporaine semble aujourd'hui perdre dans les esprits tout le terrain si rapidement conquis par les idées de M. Moleschott. De cette comparaison résultera le discernement immédiat des points où les deux conceptions se rapprochent et de ceux où elles se séparent. Peut-être aussi nous rendrons-nous compte plus aisément de ce phénomène de croissance et de décroissance inverses des deux doctrines, dont l'une s'abaisse, dont l'autre s'élève irrésistiblement, et qui, après s'être liguées contre l'ennemi commun, le spiritualisme, en viennent aujourd'hui à se combattre. C'est là l'histoire de toutes les coalitions. Quand deux opinions, quand deux partis n'ont guère en commun que la haine, ils se quittent brusquement le lendemain d'une victoire, même équivoque, et le premier résultat du succès est de les rendre irréconciliables. Il est arrivé dans la région des idées philosophiques ce que l'on a vu arriver ailleurs. Les disgrâces apparentes et passagères du spiritualisme ont eu cette conséquence : elles ont divisé profondément ses adversaires. A l'heure qu'il est, malgré un certain nombre de malentendus persistants, on peut considérer l'état de guerre entre les deux doctrines, les alliées d'hier, comme un fait irrévocablement accompli.

Nous ne prendrons ici du panthéisme que l'idée la plus générale. Ce serait une prétention chimérique de vouloir réduire à l'identité les différentes formes que le panthéisme a revêtues successivement, depuis ses origines religieuses aux confins de l'histoire, où nous apparaît la mystérieuse figure d'une race absorbée dans les vagues extases de la nature divinisée, épuisant son effort intellectuel dans la création d'une poésie merveilleuse et d'une théogonie étrange, rêves sublimes, divins monologues d'une âme ivre de la vie universelle, — jusqu'à ces modernes systèmes de métaphysique savante, véritables épopées de l'*idée pure*, se développant par une dialectique incompréhensible, sortant des ténèbres abstraites du possible, arrivant par un premier effort jusqu'à l'existence concrète, se déterminant enfin dans la plus haute réalité, celle de la pensée, celle de l'esprit. — Mais dans la diversité infinie de ses formes religieuses ou métaphysiques, que le panthéisme se produise sous le voile du symbole dans les sanctuaires de l'Inde ou dans les écoles secrètes d'Alexandrie, qu'il se révèle directement dans les déductions abstraites d'un Spinoza et d'un Hegel ou dans les poétiques ivresses d'un Schelling et d'un Goethe, on peut saisir quelques traits communs à toutes ces doctrines, si variées d'inspiration et d'aspect, et à l'aide de ces traits persistants en chacune fixer la conception fondamentale qui les rappelle et les résume toutes.

Or ce qu'il y a de plus intelligible, de moins particulier et de moins divers dans les manifestations du panthéisme, c'est assurément la conception de l'identité de Dieu et du monde. C'est cette idée qui crée comme une parenté à travers les siècles entre tant de systèmes différents ; c'est elle qui règne encore à l'heure qu'il est, malgré les rapides progrès du matérialisme, dans un assez grand nombre d'esprits, sous forme sinon de doctrine exactement raisonnée, du moins d'instinct philosophique. C'est à cette conception synthétique et aux formules abrégées qui l'ont répandue dans le monde que nous aurons recours pour ne pas égarer l'esprit de nos lecteurs dans des difficultés infinies. Elle suffit d'ailleurs au dessein spécial que nous poursuivons ici. Dans cette conception, le monde est considéré comme un tout continu qui se développe par un progrès sans fin, la vie comme étant à la fois universelle et une, universelle par ses manifestations, une par son principe. L'infini s'exprimant par la totalité des êtres ou mieux par l'expansion illimitée de l'être, en dehors duquel rien ne peut se concevoir; Dieu dans la nature identique à la vie; l'idée de l'évolution, d'un développement graduel dans la série des formes et des forces élémentaires; le monde éternel portant en soi la raison de son existence nécessaire et de son progrès fatal; cette cause immanente, non transcendante, non réellement séparable, mais distincte idéalement de la série de ses effets; l'univers infini dans son principe sinon dans ses formes phénoménales qui tombent sous la loi du fini, c'est-à-dire de la division et du changement, — voilà bien, à ce qu'il me semble, l'expression résumée du grand travail panthéistique des différents siècles qui l'ont produit, des philosophies diverses qui successivement en ont fait leur part, des civilisations qui en ont reçu l'empreinte. Que la pensée première incline vers l'idéalisme et s'exprime par une série d'abstractions ou qu'elle incline vers le naturalisme et se résolve dans une sorte de mysticisme physique, de quelque côté que l'entraînent les prédilections secrètes et l'éducation intellectuelle des penseurs qui lui donnent une expression, une voix dans le monde, au fond vous saisirez toujours dans sa mobile physionomie ces traits fondamentaux : un Dieu impersonnel, substance et principe de l'univers, l'unité divine déployée sous forme d'émanation ou d'évolution dans l'universalité des phénomènes.

On voit qu'entre cette conception et celle du matérialisme il y a quelques analogies apparentes, et je ne suis pas surpris que la critique superficielle s'y soit assez souvent laissé prendre. Il est même arrivé à des penseurs de bonne foi de se faire à eux-mêmes l'illusion de croire qu'ils étaient d'accord avec les grands panthéistes, avec Spinoza ou Hegel, quand déjà leur philosophie glissait sur la pente de l'unité physique, vers les doctrines purement matérialistes. C'est qu'en effet, dans cet ordre des phénomènes intellectuels, les malentendus sont faciles même avec soi-même, et c'est une œuvre fort délicate que de faire son propre examen de conscience philosophique, de fixer les bornes mobiles de sa pensée, de bien la définir et circonscrire dans un domaine précis. Les panthéistes s'accordent avec les matérialistes sur les points suivants : les uns comme les autres nient la distinction de deux ordres de réalités, de deux mondes qui seraient, d'une part le monde métaphysique des causes premières et des idées, de la pensée et de la volonté absolues, — d'autre part le monde sensible des phénomènes et des substances secondes. Ils nient absolument la transcendance de la cause. Pour les uns comme pour les autres, le système des choses est profondément un dans sa substance et dans son principe ; le principe du système est dans le système lui-même, non au dehors; le monde porte en soi sa raison d'être. Panthéistes et matérialistes affirment donc avec une foi égale l'unité de la nature, l'éternité et la nécessité de ce que nous appelons abusivement la création; mais là s'arrête l'accord, et si l'on descend de la région vague des généralités, si l'on essaye d'interpréter ces aphorismes et d'en venir à des explications détaillées, les divergences éclatent. Les deux doctrines s'écartent de plus en plus l'une de l'autre; la profonde incompatibilité qui les sépare devient évidente à mesure qu'on approfondit davantage l'essence, la loi, l'esprit de chacune d'elles.

La théorie matérialiste tend de plus en plus, en se réduisant, en se simplifiant, vers une rigoureuse unité. Quoi de plus simple en effet que cette hypothèse primordiale à laquelle tout se ramène : l'atome éternel traversé par un flux et un reflux éternel de mouvement; tous les phénomènes si variés d'apparence que nous présente la nature réductibles à un phénomène initial, dont les différentes forces, lumière, chaleur, électricité, pesanteur, vie, ne sont que des transformations variées; la biologie, aussi bien que la physique et la chimie, ramenée par la théorie indéfiniment extensible des équivalents à n'être plus que des applications de la mécanique; la psychologie, trop longtemps réfractaire, soumise à la loi commune, et la pensée considérée comme un mode plus rare et plus subtil du mouvement? Ainsi la matière existe par elle-même, par elle seule, sans aucun autre principe intérieur ni extérieur, immanent ni transcendant, sans qu'aucun dieu vive en elle et lui communique sa vie; elle existe de toute éternité avec ses propriétés, qui ne sont que les modes divers du mouvement, et avec ses lois, qui ne sont que celles de la mécanique. Le monde s'explique par le développement de ses propres forces. Il est donc non pas métaphysiquement, mais physiquement et dans la vérité littérale, il est son principe à lui-même en même temps qu'il est son propre résultat, principe et résultat de ses propriétés éternelles régies par les lois mathématiques. Ici il faut bien convenir qu'il ne reste plus de place pour aucune cause, si intérieure qu'elle soit, même idéalement distincte du monde, pas plus immanente que transcendante. L'exclusion la plus rigoureuse des causes premières et des causes finales est logiquement et théoriquement consommée.

En regard de cette simplicité absolue, placez les étranges complications auxquelles le panthéisme est condamné par la loi même de son essence : les causes primordiales sembleraient au premier abord exclues par le principe qui nie la distinction des substances, qui affirme l'unité de la nature. Quelle erreur de le croire ! Niées sous une forme dans le panthéisme, elles reparaissent sous mille autres. Elles rentrent sous les noms les plus variés, avec des caractères et des attributs inattendus, sous la loi de conditions nouvelles qui les rendent plus difficiles à concevoir que les causes premières de la métaphysique spiritualiste. Je n'ignore pas quelle part il reste à l'incompréhensible dans l'essence et dans l'acte du principe créateur, et je ne me fais pas à moi-même l'illusion puérile de croire que toutes les difficultés s'évanouissent comme par enchantement devant le dogme du Dieu personnel ; mais suppose-t-on que l'obscurité soit moindre dans la conception panthéistique de l'origine des choses et que l'unité de substance, pour être affirmée comme la solution définitive, éclaircisse beaucoup les idées? Pensez-vous que ces métaphores et ces figures multipliées et diversifiées à l'infini expliquent quelque chose? Tantôt c'est *l'un* primitif qui tombe au-dessous de lui-même, qui se divise et qui devient plusieurs; tantôt c'est *la substance* d'où émane un monde infini d'attributs, chaque attribut devenant à son tour la source d'où sort une multitude infinie de modes; tantôt c'est *l'être pur*, indéterminé, qui se détermine, un absolu néant qui devient l'univers. Ne voilà-t-il pas les causes métaphysiques rétablies d'un seul coup et sous quelles formes inintelligibles! Que de contradictions accumulées à l'origine des choses! que de postulats chimériques invoqués par l'imagination, imposés contre la logique à la raison qui proteste! La substance mise à part de ses phénomènes, l'unité primitive, l'être pur, l'idée en soi, le principe divin immanent dans l'univers, idéalement distinct du monde, voilà assurément bien des mystères auxquels le panthéisme demande une adhésion sans réserve. Si je la donne, ce sera un acte de foi plus que de raison; si je la refuse, tout le panthéisme s'écroule. Assurément, au point de vue de la simplicité, l'hypothèse matérialiste a de bien grands avantages. Elle n'est point comme celle-ci surchargée de postulats, de distinctions, de concepts métaphysiques. Si la simplicité d'une théorie devient, comme quelques-uns le prétendent, la mesure de la vérité ou du moins de la vraisemblance de cette théorie, il n'est pas douteux que le panthéisme ne doive perdre bien du terrain dans les esprits en raison de la complication infinie de son hypothèse et qu'il ne paie par de grandes disgrâces la rançon de cette contradiction fondamentale: l'unité du monde scindée et comme divisée d'avec elle-même, selon que l'on en considère l'idée *en soi* ou *hors soi*, dans son principe abstrait ou dans la vivante réalité qui l'exprime.

Ce n'est pas tout : non-seulement le panthéisme rétablit sous d'autres noms et sous d'autres formes les causes premières, voici que dans la plupart de ses grands interprètes modernes il tend à rétablir cette autre idole de la vieille métaphysique, les causes finales. Sans doute l'école allemande les explique et les interprète à sa manière, mais elle est si loin de les proscrire qu'elle en fait l'objet d'une science spéciale, la *téléologie*, une science qui est aussi bien en honneur auprès des disciples de Schelling et d'Hegel que chez les disciples de Leibniz. Assurément il y a dans le panthéisme moderne une doctrine des fins, et cette doctrine tient même une place considérable dans la philosophie hégélienne. Ce n'est pas sans doute cette doctrine vulgaire qui, considérant les choses naturelles à un point de vue inférieur et tout pratique, prétend en marquer la destination en dehors d'elles-mêmes dans les rapports d'utilité ou de convenance qu'elles soutiennent avec nous, rabaissant ainsi la nature à n'être qu'un ensemble de moyens dont l'homme serait la fin. Selon les grands panthéistes du dix-neuvième siècle, il n'y a dans cette détermination de rapports tout extérieurs et accidentels rien de véritablement philosophique; mais l'effort de la science la plus haute est de poursuivre la vraie fin des choses, qui est en elles-mêmes, ou plutôt qui est leur essence même, l'idéal et la vérité de cette essence. La *téléologie*, la science des véritables fins des êtres, se place ainsi au terme de toutes les sciences. Qu'est-ce en effet que la philosophie de la nature dans les écoles de Schelling ou de Hegel, sinon la poursuite de l'idée dans la série de ses métamorphoses, l'explication rationnelle du réel, la considération de la nature dans sa libre activité, adéquate à la raison autant que la réalité peut jamais l'être, l'élimination graduelle du hasard? Tout cela, c'est l'histoire du progrès dans le monde, c'est l'histoire de la *nature* en marche vers l'*esprit*, l'esprit étant la vérité de la nature, sa vraie fin, son but définitif, l'idéal de son mouvement. Loi de continuité, progrès, évolution, retour de l'idée à soi après l'exil, la dispersion, les longues fuites de l'idée hors d'elle-même, n'y a-t-il pas là toute une doctrine de la finalité? Les forces et les formes dans leur unité et leur diversité, les lois et les espèces, les parties variées de ce vaste organisme de la nature vivante, tout s'explique, sauf certains détails réfractaires et irrationnels, par l'idée du but que les choses naturelles poursuivent et que la loi même de la dialectique leur assigne de toute éternité.

Que nous voilà loin cette fois encore des données de l'hypothèse matérialiste! Ici, plus rien que des causes matérielles ou plutôt des conditions qui, étant posées, suscitent l'apparition de certains phénomènes, fatalement, mécaniquement, sans aucune visée ultérieure, sans aucune intention, si intérieure, si secrète qu'elle soit, puisqu'en dehors des phénomènes physiques, considérés en tant qu'antécédents et conséquents, il n'y a rien qui puisse exister ni même être conçu. Le contraste est bien sensible : d'une part une doctrine de la finalité des êtres, une *téléologie* réelle bien qu'immanente, l'affirmation du *processus* universel, l'évolution organique du monde, un but marqué à la nature par la loi même de son essence, que la nature poursuit sans le connaître, que l'esprit subjectif essaie de comprendre, que l'esprit absolu seul pourra expliquer, parce que seul il en contient la loi, voilà évidemment toute une théorie subtile et compliquée des *fins*, lesquelles, à bien les considérer, sont les vraies causes métaphysiques. D'autre part l'exclusion de toute finalité, aussi bien de la finalité intrinsèque et absolue des êtres que de la finalité extérieure et relative, la négation de toute intentionnalité dans le monde, aussi bien de celle qui procéderait d'une raison immanente que de celle qu'un Dieu transcendant imposerait du dehors au progrès de la nature, l'étude exclusive des phénomènes et des rapports déterminés, le sacrifice absolu de l'idée de but à l'idée positive des *conditions* physiques et des *résultats*, seule explication réelle de la nature; voilà l'hypothèse matérialiste dans son opposition sur un point très-grave avec la conception du panthéisme moderne; assurément l'on n'en saurait concevoir de plus tranchée et de plus radicale.

Voici la dernière de ces oppositions, elle n'est pas moins décisive que les autres, je dirai même qu'elle les résume toutes. La théorie matérialiste se présente avec l'apparence et la prétention d'une théorie purement expérimentale, purgée de toute hypothèse métaphysique; elle tient pour suspecte toute conception spéculative qui n'est pas une suggestion immédiate et directe de l'observation. Elle se porte elle-même pour la seule théorie qui soit d'accord avec les sciences positives; elle prétend en être la synthèse la plus exacte et le simple résumé.

Nous examinerons tout à l'heure jusqu'à quel point cette prétention est justifiée. Pour le moment et provisoirement, acceptons-la comme un fait, sinon comme un droit. Il est certain que de tout temps cette philosophie a fait les plus grands efforts pour se distinguer par sa méthode et ses procédés de toutes les doctrines métaphysiques, pour se renfermer dans l'enceinte rigoureusement limitée des données expérimentales et se tenir à l'écart des tentations de la spéculation pure et des prestiges de la métaphysique. Il est également certain que cet effort a produit des résultats très-sensibles dans son histoire. D'une part la philosophie matérialiste est la seule qui n'ait pas produit une grande variété de systèmes. D'autre part vous auriez beau presser les données fondamentales de cette philosophie, vous ne pourriez en extraire un atome de mysticisme.

A parler rigoureusement, le matérialisme n'a pas d'histoire, ou du moins son histoire est si peu variée qu'on peut l'exposer en quelques lignes. Sous quelque forme qu'il se présente à nous, il se reconnaît immédiatement à la simplicité absolue des solutions qu'il nous propose. Vous retrouvez dans quelques pages de Diderot les principes généraux des livres de MM. Büchner et Moleschott. Remontez à travers les siècles jusqu'aux épicuriens, allez jusqu'au grand ancêtre de la physique épicurienne, jusqu'à Démocrite, toute l'histoire des écoles matérialistes tient en quelques formules. Dès l'origine, vous verrez se produire la théorie entière : l'éternité de la matière ; le grand axiome générateur que rien ne vient de rien, que rien ne périt ; les deux principes coéternels, les atomes et le vide ; le mouvement et les combinaisons à l'infini de tous les mouvements possibles ; le monde, une fois formé, soumis à un ordre certain par l'empire des lois mathématiques ; la proscription absolue des causes finales ; l'idée vague de la sélection naturelle, le germe de la théorie de Darwin, très-reconnaissable dans les fragments qui nous ont été conservés de la physique épicurienne ; le principe de la génération spontanée développé sur la plus grande échelle avec la témérité des jeunes hypothèses, qui ne craignent pas encore le démenti des expériences exactes ; enfin le système atomistique et mécanique, appliqué et suivi dans ses dernières conséquences jusqu'au sein de l'âme humaine et de l'organisme social. — Le matérialisme contemporain n'a pas changé le cadre immobile de cette philosophie vingt fois séculaire. Il n'a pas dévié de ce programme, il l'a seulement enrichi des notions scientifiques; il l'a transformé, en apparence seulement, en y transportant les données nouvelles, les vues, les hypothèses en nombre infini qui naissent de chaque progrès des sciences physiques, chimiques, physiologiques. Les grandes lignes de la théorie primitive sont plus et mieux remplies qu'autrefois; elles n'ont pas varié dans leurs proportions ni dans leur dessein général. Démocrite reconnaîtrait sans peine sa pensée s'il lisait le livre de M. Büchner; la langue même n'a changé que d'une manière presque insensible. On neciterait pas une autre doctrine aussi strictement immobile dans l'enceinte de deux ou trois principes, et dont l'histoire fût aussi simple, presque nue. On ne peut pas adresser à cette école ce reproche dont la polémique use s volontiers à l'égard des autres écoles, on ne peut pas dire que son histoire soit celle de ses variations. Dès le premier jour, la conception première a été posée, le langage même a été fixé. Sa devise semble être dès l'origine : *ne varietur.*

En regard de cette immobilité historique d'une doctrine qui n'admet le renouvellement que dans les détails, placez le panthéisme, et voyez au contraire quel déplacement de limites, quelle facilité à se répandre en dehors des lignes consacrées, quel changement perpétuel dans les diverses écoles qui l'expriment. Voyez quelle éclosion multiple, quelle floraison variée de systèmes religieux et philosophiques! C'est d'abord le panthéisme primitif dans l'Orient, traduisant sous ses mille symboles cette grande et naturelle tentation de l'esprit humain en face du monde, la tentation d'y chercher Dieu, le vague instinct et l'intuition du divin, mêlés au premier étonnement et à l'admiration des phénomènes, le pressentiment et la recherche de l'unité absolue, voilée sous le déploiement des forces naturelles. En Grèce, c'est la double tendance en sens contraire de l'idéalisme des

Éléates et du naturalisme de Thalès et d'Héraclite qui vient aboutir à la doctrine stoïcienne du *feu artiste* et de la *raison séminale* des choses ; c'est, avec les Alexandrins, le retour au panthéisme mystique de l'Orient et à la doctrine de l'émanation. Dans les temps modernes, ce sont les systèmes si originaux de Spinoza, de Schelling, de Hegel, les mille variétés de ces systèmes, qui se multiplient et se répandent parmi nous sous des formes fluides, presque insaisissables, changeant à chaque instant de nuance, de contour et d'aspect. — On peut dire que le matérialisme n'a pas de système, puisqu'il se réduit à une conception unique, toujours la même ; le panthéisme au contraire ne s'exprime que par des systèmes ; il est aussi varié que les intelligences qui le conçoivent ; il n'y a pas une forme unique du panthéisme, il y en a mille.

Cette variété illimitée des manifestations du panthéisme nous révèle la richesse des éléments dont il se compose et des facultés où il s'inspire. Il est tour à tour poétique et métaphysique ; il se montre à nous enivré des splendeurs de la nature, éperdu devant l'infini. Il emploie les plus hautes et les plus nobles facultés de l'âme et en même temps les plus fécondes en chimères. Ni l'amour dans ses plus sublimes extases, ni l'imagination dans ses plus décevants prestiges, ni le raisonnement dans ses spéculations les plus hardies, ne sont écartés du mystère de sa conception. Toutes les sources d'illusion et de vérité se sont successivement ouvertes pour former le flot brillant et mélangé qui coule à travers les siècles depuis les *Védas* et l'hymne à *Agni* jusqu'à la *Philosophie de la nature* de Schelling et de Hegel. — Il ne faut donc pas s'étonner si le panthéisme s'offre à nous avec des préoccupations qui sont complétement étrangères à l'essence même de la doctrine matérialiste. On a remarqué plusieurs fois certaines affinités entre le panthéisme et le mysticisme. Que ce soit l'enthousiasme idéaliste de Spinoza, ivre de Dieu, comme disait Novalis, ou le *réalisme* de Gœthe dans la sérénité de ses sensations toujours jeunes, que ce soit l'effusion poétique de Schelling, *repensant* la création dans une sorte de délire sacré, ou la dialectique de Hegel s'exaltant sur les hauteurs de l'idée pure, mysticisme de l'infini ou de la nature, il y a toujours là un sentiment du mystère cosmique, un respect pour l'ineffable, je ne sais quelle impression de grandeur, quelque chose comme une piété dont la source n'est pas assez pure sans doute, mais d'où se répand sur toutes les œuvres et les pensées des panthéistes cette poésie parfois presque religieuse qui nous trouble profondément et nous ravit. Ce mélange d'impressions si diverses qui fait le charme du panthéisme en révèle en même temps le secret péril et la faiblesse. C'est une doctrine mixte, destinée à disparaître comme tous les compromis, entre la métaphysique spiritualiste et le naturalisme pur. Au naturalisme elle a pris le principe de l'unité absolue, au spiritualisme elle prend quelques-unes de ses aspirations; elle essaye de combiner en une synthèse impossible la négation de Dieu, dans la signification consacrée du mot, et les grands instincts religieux de l'humanité. Si les formules absolues n'étaient pas toujours périlleuses en si délicates matières, je dirais qu'au fond, dans la plupart des esprits de notre temps qui sont retenus encore par les prestiges de cette doctrine, le panthéisme est un naturalisme qui essaie de se faire illusion à soi-même, un naturalisme enthousiaste. Le matérialisme est un naturalisme nu, sans illusion et sans rêve, l'athéisme sans phrases ; le panthéisme de nos contemporains est un naturalisme poétique, presque religieux.

Il ne faut pas s'en étonner. Quand le matérialisme se colore, s'échauffe, dans une imagination vive, dans une âme capable d'exaltation, par un changement insensible il devient presque aussitôt une sorte de panthéisme. J'ai eu déjà l'occasion d'analyser ce fait psychologique à propos de Lucrèce et de Diderot[1]. Matérialistes dans le dessein général de leur doctrine, en réalité

---

1. *La Philosophie de Gœthe*, p. 37.

ils cessent de l'être quand ils la développent avec toute leur chaleur d'imagination. Chez eux, la conception de la nature, réduite au pur mécanisme, ne tarde pas à s'effacer peu à peu, à disparaître devant la conception d'une certaine puissance universelle de vie, éternellement féconde, éternellement en acte, principe actif qui élabore sans trêve la substance du monde. Cette sorte d'instinct artiste qui dispose les types et les formes, cette espèce d'âme plastique de l'univers ressemble bien à la finalité des panthéistes, à cette raison universelle, immanente, à cette pensée captive qui cherche à s'affranchir du chaos et des ténèbres de la matière primitive en l'organisant. La doctrine matérialiste subit ainsi dans les intelligences enthousiastes une véritable transformation. Avec un degré d'enthousiasme de plus ou de moins, on peut rendre compte des diversités qui se produisent dans la manifestation de la même doctrine, selon que des esprits exacts, mathématiques, s'en tiennent rigoureusement à la conception des propriétés et des lois de la matière, ou que des esprits ardents, doués d'une sensibilité exaltée et d'une imagination puissante, la transforment en une sorte de naturalisme poétique très-rapproché du panthéisme.

Voici un autre fait du même ordre qui se produit avec éclat autour de nous dans le monde intellectuel et qui porte avec lui un enseignement irrécusable. Dans ce grand travail de décomposition d'idées auquel nous assistons depuis une vingtaine d'années, dans cette crise que traverse la philosophie spiritualiste et qu'il serait inutile de nier systématiquement, comme il serait puéril de l'exagérer par des alarmes insensées, de quel côté et dans quelle direction se sont portés les esprits dissidents qui en grand nombre ont déserté l'asile des anciennes doctrines ? Dans deux directions sensiblement différentes, sinon contraires. La science s'est faite positiviste, la poésie est devenue panthéiste. Ce sont là les deux grands traits par lesquels je pourrais marquer la dispersion, l'anarchie qui s'est produite dans la région des esprits. Tandis que l'esprit matérialiste s'emparait en maître de la direction des sciences naturelles et manifestait ses conquêtes successives par l'audace croissante de ses négations, l'imagination française subissait profondément dans la poésie et dans le roman l'influence de ces vagues et brillantes doctrines qui répandent à flots, comme d'une source intérieure et intarissable, le divin dans la nature. Il y aurait tout un chapitre curieux à écrire sur cette invasion du panthéisme dans l'imagination au dix-neuvième siècle; il y aurait à recueillir dans l'œuvre des poëtes et des romanciers les plus illustres de notre temps les témoignages d'autant plus significatifs de cette conquête que les témoins appelés par nous sont dans une sorte d'innocence relative et comme d'ingénuité philosophique, subissant l'empire de certaines tendances et de certaines idées sans bien s'en rendre compte à eux-mêmes. Évidemment c'est à cette origine qu'il faut rapporter ce mysticisme de la nature qui se révèle par ces vagues extases, par ces ivresses, par cet abandon à la spontanéité, à la *génialité* qui est en chacun de nous, selon Gœthe, la révélation d'un infaillible instinct, et qui devient si facilement dans les esprits moins forts et moins sûrs d'eux-mêmes la théorie de l'inspiration incohérente, sans règle et sans responsabilité. C'est à la même source qu'il faut également rapporter ces apothéoses de la passion divinisée, considérée comme l'oracle de la vraie moralité, comme la loi de Dieu, et qui créent dans le gouvernement de la vie la même irresponsabilité que chaque écrivain revendique dans le gouvernement de son génie. De là enfin (et dans ce cas l'influence serait heureuse si les conséquences n'étaient pas poussées à l'excès) le sentiment si énergique et si puissant des beautés, des splendeurs, des harmonies de la nature, la contemplation du monde que l'on voit s'épanouir comme un vaste organisme, animé d'une vie immense et une, se développant par un progrès intérieur, gravissant cette échelle de l'infini qui se perd dans la splendeur confuse du rêve. N'est-ce pas encore ce panthéisme inconscient qui a marqué d'une si profonde empreinte le style poétique de notre temps? C'est lui qui a rompu l'équilibre entre les facultés diverses au profit de l'imagination, la maîtresse presque unique dans la littérature contemporaine et qu'un heureux privilége dispense aujourd'hui de rendre ses comptes à la raison ? L'abus de la couleur, l'effacement de plus en plus marqué de la ligne, l'idée nette disparaissant dans l'éclat redoublé de l'image, l'excès des métaphores brillantes, je ne sais quel chaos lumineux d'où il sort plus d'éblouissement que de pensée, à ces traits vous pourrez reconnaître le style de nos principaux poëtes et de quelques-uns de nos principaux romanciers, et je ne crains pas de dire que c'est un style panthéiste.

De tous ces faits il ressort clairement à nos yeux que la doctrine de la nature divinisée est devenue de nos jours un compromis entre le matérialisme et le spiritualisme, doctrine de rêveurs, d'enthousiastes et de poëtes, et que l'esprit froidement logique de notre temps finira par abandonner ce compromis aux intelligences que la force de l'imagination retient encore dans les prestiges du divin, quand elles ont cessé de croire au principe du divin, quand elles le déplacent en le cherchant dans l'imparfaite réalité du monde. En un sens, dans le sens de la logique pure, la prédominance du matérialisme est un progrès, puisqu'elle est une simplification. Sauf chez les poëtes, le panthéisme est sensiblement en décadence parmi nous. Il n'est plus ce qu'il a été, la doctrine en faveur parmi les dissidents du spiritualisme. Il a marqué la transition et fait le passage entre deux doctrines opposées. Si son empire poétique se prolonge, son rôle philosophique est achevé. L'esprit scientifique élimine de plus en plus les dernières influences de la philosophie hégélienne et spinoziste pour se concentrer dans le positivisme, qui n'est que l'empirisme pur, refusant de conclure, ou dans le matérialisme, qui est un positivisme dogmatique, acceptant les dernières conséquences de son principe. J'ai déclaré qu'il y a là un progrès philosophique. Triste progrès sans doute, qui représente une diminution sensible, un abaissement de l'esprit métaphysique. Malgré tout, je maintiens le mot, parce qu'à mon sens il y a progrès quand les attitudes deviennent nettes. Il y a toujours avantage à faire disparaître les doctrines intermédiaires, qui ne servent qu'à perpétuer les équivoques et les malentendus. La thèse matérialiste, l'athéisme dogmatique reste seul en face de nous. C'est lui seul que nous aurons en vue dans la suite de ce livre, où les termes du débat qui divise les intelligences de notre temps pourront être au moins nettement posés, le champ de bataille circonscrit, l'objet de la discussion bien défini.

CHAPITRE VI.

Du principe du matérialisme scientifique. — D'une contradiction inhérente à ce principe.

L'école matérialiste que nous avons essayé de définir se présente devant l'opinion sous les auspices de la science positive. Il importe de lui enlever le bénéfice de ce patronage usurpé, en montrant que le véritable esprit de la méthode expérimentale n'est pas avec ces nouvelles doctrines. C'est engager fort indiscrètement les sciences positives que de leur faire prendre parti dans un ordre de problèmes où la neutralité est pour elles plus que de convenance, je veux dire d'obligation absolue et de strict devoir.

Une critique définitive consisterait à parcourir successivement toutes les propositions dont se compose la doctrine matérialiste et à montrer par une analyse exacte l'alliage équivoque d'observation et d'hypothèse qui est au fond de chacune d'elles. On examinerait rigoureusement la signification des faits invoqués, on en réduirait la vraie portée, on les interrogerait sans idée préconçue, et je me tiens pour assuré qu'on arriverait sans trop de peine à établir que ces faits interprétés comme ils doivent l'être ne comportent pas les conclusions dogmatiques qu'on leur impose. On ferait ainsi une œuvre utile, efficace, en essayant de rompre une fois pour toutes le lien artificiel entre de simples vérités de fait et un système qui se résout à l'analyse en un ensemble de conjectures. C'en serait fait de la prétention scientifique du matérialisme, qui en est le plus grand prestige, s'il devenait manifeste que de la base au sommet ce système (car c'en est un) ne s'élève que sur l'*à priori* et ne se construit que par la spéculation pure. Nous ne serons désavoué par aucun savant de l'école expérimentale, c'est-à-dire par aucun savant sans parti-pris, si nous avançons que dans l'état actuel des sciences aucune donnée positive n'autorise des conclusions semblables à celles du matérialisme sur le problème des origines et des fins, sur celui des substances et des causes ; que cela même est contradictoire à l'idée de la science expérimentale ; que cette science nous donne l'actuel, le présent, le fait, non le commencement des choses, tout au plus le *comment* immédiat, les conditions prochaines, très-différentes des vraies causes ; enfin que du moment où le matérialisme devient une négation expresse et doctrinale de la métaphysique, il devient par là même une autre métaphysique ; il tombe aussitôt sous le contrôle de la raison pure dont on peut se servir librement pour critiquer ses hypothèses comme il s'en sert lui-même pour les établir et les lier entre elles.

Notre intention n'est pas de remplir ici ce plan trop vaste. Nous devons nous borner à un point unique dans cette immense carrière de problèmes tour à tour abordés et résolus par le matérialisme nouveau. Est-il exact de dire que la conception fondamentale du matérialisme soit le résultat direct, nécessaire de la méthode expérimentale, au même titre qu'une loi de la physique ou de la physiologie ? Sur quels faits positifs, démontrés, a-t-on la prétention d'établir, en même temps que la négation de Dieu, la thèse de l'éternité de la matière et de la puissance absolue qu'on lui accorde pour produire et transformer toutes choses ? Ce ne sont là que les formes variées d'une seule et même question.

Avant tout, il importe de distinguer par des caractères précis, irréfutables, ce qui est *à priori* et ce qui ne l'est pas. Cela revient à déterminer la nature et les conditions de la méthode expérimentale. Les faits, l'observation, l'expérience, voilà ce que l'on invoque contre les principes de la vieille métaphysique. Essayons de nous entendre sur la signification de ces mots. Quelques définitions nous mettront plus à même d'examiner, en connaissance de cause, si la philosophie nouvelle ne se fait pas d'étranges illusions sur la nature des facultés qu'elle emploie, sur le caractère des procédés par lesquels elle se construit, par conséquent sur la valeur scientifique de ses résultats. Nous ne pourrons en pareille matière choisir un guide plus sûr qu'un savant illustre qui a pu dire, sans crainte d'être démenti par un seul homme de son temps, que cette définition de la méthode expérimentale était le fruit d'une vie scientifique absolument consacrée de la manière la plus désintéressée à la recherche de la vérité[1]. Ce n'est que justice de reconnaître que l'esprit le plus pur de la méthode a dirigé l'emploi et les applications variées de cette longue existence qui a reçu en illustration de la science le prix du dévouement qu'elle lui a donné. M. Chevreul a pu se rendre à lui-même ce témoignage que tous ses travaux n'ont été entrepris qu'avec l'intention expresse de dé-

---

1. *Histoire des connaissances chimiques*, par M. Chevreul, membre de l'Institut, t. Ier.

terminer l'exact degré de certitude de chacun de leurs résultats. Nous pouvons donc nous fier à cette autorité éprouvée. Si elle ne renouvelle pas la méthode, elle en fixe du moins l'essence et en détermine les conditions avec une précision qui n'est pas inutile au milieu des obscurités et des malentendus dont nous sommes enveloppés.

Il faut toujours en revenir à un exemple, et si cet exemple est très-connu, il n'en vaudra que mieux pour mettre dans tout son jour la définition cherchée. M. Chevreul cite à l'appui de sa définition les recherches relatives à la découverte de la pesanteur de l'air par Galilée, Toricelli et Pascal. Il y a là en effet un type parfait de la méthode expérimentale. Qu'y trouvons-nous? A l'origine et avant toute tentative de la vraie méthode, une des applications les plus connues de la méthode *à priori* dans l'ordre des vérités naturelles, ce principe célèbre de la physique ancienne, que « la nature a horreur du vide. » Quelle preuve les anciens donnaient-ils de cette prétendue loi? Aucune. La méthode *à priori* procède ainsi dans l'explication des phénomènes du monde extérieur. Étant donné un phénomène, elle invente un principe pour en rendre compte, sans s'inquiéter d'en démontrer l'exactitude. Que fait au contraire la méthode *à posteriori*[1]? Un phénomène frappe vos sens, vous l'observez avec l'intention d'en découvrir la cause, et pour cela vous en supposez une dont vous cherchez la vérification en instituant une expérience. Si l'hypothèse n'est pas fondée, vous en faites une nouvelle que vous soumettez à une nouvelle expérience, et cela jusqu'à ce que le but soit atteint, si toutefois l'état de la science le permet. Tout cela ne se retrouve-t-il pas exactement dans l'exemple que nous avons pris? La question faite à Galilée par les fontainiers de Florence, voilà le point de départ, voilà le

1. Pour ne pas compliquer la question, nous demandons à M. Chevreul de ne pas tenir compte en ce moment de la distinction qu'il établit entre ces deux qualifications : *méthode expérimentale* et *méthode à posteriori expérimentale*, tout en tenant le plus grand compte de l'élément logique de la vérification qu'il prétend marquer par ce redoublement d'expressions.

phénomène saisi dans son apparente singularité et transmis par l'observation ignorante à l'observation savante. Toricelli observe le fait avec l'intention d'en découvrir la cause, il en suppose une dont il cherche la vérification ; le raisonnement le conduit à instituer l'expérience du baromètre. L'expérience instituée juge l'hypothèse de Toricelli et la confirme. Cependant Pascal intervient à son tour ; il agit comme si l'hypothèse n'était pas fondée, il la soumet à une contre-épreuve, suite d'un nouveau raisonnement, et l'expérience du Puy-de-Dôme vient vérifier avec éclat l'explication de Toricelli. Dans toutes les grandes découvertes obtenues par la méthode expérimentale, vous découvrez invariablement ces trois phases successives, ces trois éléments liés entre eux : 1° l'observation d'un phénomène ; 2° le raisonnement, dont le but est de découvrir la cause immédiate du phénomène ; 3° l'expérience, pour contrôler la conclusion du raisonnement[1].

---

1. Remarquer l'analogie de cette théorie de la logique

Le raisonnement suggéré par l'observation des phénomènes conduit donc à instituer des expériences d'après lesquelles on reconnaît les causes d'où ils dépendent, et ce raisonnement constitue la méthode justement appelée *expérimentale*, parce qu'en définitive l'expérience est le contrôle, le *critérium* de l'exactitude du raisonnement dans la recherche des causes ou mieux des conditions du phénomène. L'élément essentiel, le signe distinctif de cette méthode, c'est donc la vérification, puisque l'expérience instituée par notre esprit a pour objet de nous assurer que l'interprétation d'un phénomène est exacte. C'est la condition du *contrôle* qui est le vrai caractère de la méthode et qui lui donne sa valeur scientifique ; sans cette condition, il n'y a dans l'ordre de la réalité physique que de l'*empirisme* (observations faites avec plus ou moins de discernement, sans principe fixe et sans vérification

---

expérimentale, d'après M. Chevreul, avec celle que nous a donnée M. Claude Bernard. Voir le premier chapitre de ce livre, page 27.

suffisante) ou du *dogmatisme* (affirmation sans preuve)[1].

La méthode expérimentale ainsi définie s'applique à toutes les sciences physiques; mais l'esprit de cette méthode est applicable même à des connaissances fort différentes des sciences fondées sur l'expérience sensible. Les preuves prescrites en arithmétique pour vérifier les nombres obtenus en pratiquant l'addition, la soustraction, la multiplication et la division, sont de véritables contrôles. Une erreur, une faute d'attention peuvent avoir été commises. Ce n'est que la preuve faite, c'est-à-dire le contrôle, qui nous donne la certitude. Il n'y aurait certitude absolue sans la preuve que pour un esprit assez fort pour répondre de lui-même à chaque moment de sa vie intellectuelle, à chaque phase du raisonnement. Dans les sciences sociales, il y a un critérium, un contrôle tout naturel, c'est celui des faits précis que l'on met en regard de cer-

---

1. *Histoire des connaissances chimiques*, p. 25, 233, 236, 355 et *passim*.

taines conclusions obtenues par le raisonnement et qui les confirment ou les réfutent[1]. Dans les sciences psychologiques dont M. Chevreul ne parle pas à cette occasion, tout moyen de vérification n'est pas non plus interdit, comme on l'a trop souvent et trop témérairement affirmé ; mais il est bien vrai de dire qu'ici les moyens de contrôle perdent quelque peu de leur rigueur et de leur exactitude positive. Pour vérifier l'observation psychologique que j'ai faite et la loi que j'en ai tirée, je décris le phénomène, j'en expose le détail et les circonstances devant d'autres consciences, qui m'approuvent en reconnaissant l'exactitude de ma description ou qui la censurent en me refusant leur adhésion. Évidemment l'élément mathématique de la mesure fait défaut, et je dois me contenter d'un *critérium* moral en l'absence de tout contrôle mathématique ou physique. Quoi qu'il en soit de ces divers moyens plus ou moins indirects de vérification, ce n'est pas là qu'il faut cher-

---

1. *Histoire des connaissances chimiques*, p. 336.

cher le caractère rigoureux de la méthode expérimentale. Quand une école philosophique se recommande expressément des principes de cette méthode et de sa fidélité à ces principes, quand en même temps elle prend son point de départ dans l'observation exclusive des phénomènes matériels et sa mesure dans l'exactitude de la perception sensible, il ne peut être question que des règles spéciales qui président à l'élaboration des sciences physiques. Confirmation sensible de chaque proposition, de chaque assertion, de chaque loi, vérification par l'expérience, déterminisme absolu, hors de là il n'y a pas de connaissances véritablement positives. Nous avons le droit d'exiger que les partisans exclusifs de l'observation se montrent rigoureusement fidèles aux conditions qui en garantissent l'exactitude. Quand on invoque les faits sensibles comme l'unique autorité, c'est bien le moins que l'on prenne contre soi-même toutes les précautions possibles pour vérifier les inductions qu'ils suggèrent et que l'on se soumette à toutes les conséquences de son principe.

La question, telle qu'elle se pose d'elle-même, se réduit à ces termes très-simples : le matérialisme ne se constitue que par une certaine solution, une solution négative donnée au problème de l'origine du monde. Or, ce problème est, par essence, insoluble à la méthode expérimentale. N'est-il pas évident que les données mêmes du problème sont irréductibles à des faits d'expérience sensible, par conséquent réfractaires aux conditions de vérification que cette méthode comporte et sans lesquelles il n'y a rien qu'un vague et stérile empirisme ou qu'un dogmatisme également vain ? Cette évidence est de telle nature qu'il n'y a pas à démontrer une pareille proposition, mais seulement à la développer.

Des trois éléments qui constituent la méthode expérimentale, l'observation d'un phénomène, le raisonnement dont le but est de découvrir la cause immédiate du phénomène, l'expérience instituée pour contrôler la conclusion du raisonnement, c'est ce troisième élément qui ne peut trouver sa place dans une argumentation ayant pour objet les questions d'origine. Or, c'est cet élément de contrôle expérimental qui est le signe distinctif de la connaissance positive. J'observe une série de phénomènes ; ils suggèrent en moi l'idée d'une explication possible, un moyen quelconque de me rendre compte à moi-même, par un raisonnement plus ou moins compliqué, de leur mode de formation. Voilà bien les deux premières parties de la méthode expérimentale : l'observation d'un fait et le raisonnement qui a pour but de découvrir la condition de ce fait. Mais ce n'est là que le début de la méthode. Où se marque la place du troisième élément, la vérification sensible du raisonnement, qui doit me donner la preuve positive que mon interprétation est exacte ? Ce troisième élément fera éternellement défaut à l'origine de toute philosophie, quelle qu'elle soit. Conçoit-on bien l'absurdité d'un rêveur qui prendrait à tâche de vérifier par une expérience un raisonnement tendant à prouver que le monde a commencé ou qu'il n'a pu commencer ? Il faut, à cette hauteur et dans cet ordre de problèmes, se contenter de la raison ; fions-nous à elle, allons aussi loin qu'elle peut nous conduire, j'y consens; mais n'espérons pas follement que l'expérience vienne jamais nous fournir quelque moyen de contrôle positif et sensible pour nos vues et nos inductions rationnelles. Ne nous faisons pas à nous-mêmes l'illusion antiscientifique d'imaginer que de quelque combinaison inattendue de phénomènes, de quelque expérience nouvelle sur les propriétés de la matière puisse jaillir à nos yeux la clarté souveraine d'un fait décisif, d'un critérium expérimental qui illumine tout d'un coup le mystère des origines et les ténèbres où s'agitent les antinomies de Kant.

Les matérialistes, dans cet ordre de questions, s'en réfèrent toujours à un postulat exprimé ou sous-entendu. Ils partent de cette donnée que ce qui existe a toujours existé, dans sa forme actuelle, avec ses propriétés fixes et ses lois déterminées, ce qui est précisément en question. C'est un principe qu'ils demandent ou qu'ils supposent qu'on leur accorde. Comment vérifier par l'expérience si quelque chose a pu être avant la matière de l'expérience, en dehors des conditions qui lui sont applicables? On peut s'étonner dès lors que certains matérialistes prétendent fonder leur doctrine sur les règles les plus exactes de la méthode positive. Ils sont dupes, à mon avis, des faits qui servent de point de départ à leur raisonnement. Parce qu'ils partent de quelques phénomènes exactement observés, ils s'imaginent satisfaire aux conditions de la méthode. Ce sont des faits positifs, soit, mais cela suffit-il pour que le raisonnement qui suit cette exacte observation ait le même degré de positivité que les faits eux-mêmes? Ces faits ont-ils le singulier privilége d'étendre jusqu'aux inductions plus ou moins arbitraires que l'on essaye d'y rattacher, la clarté irrécusable qu'ils possèdent en tant que phénomènes?

La méthode expérimentale ne s'achève et ne se consacre que quand une série de faits nouveaux, disposés par la pensée en une expérience régulière, vient confirmer l'explication du phénomène ou la rejeter dans la région des hypothèses. Voilà ce qui manque et manquera toujours au matérialisme. Il se prétend expérimental quand il n'est que dogmatique. Tout raisonnement non vérifié est tenu, au regard de la science positive, pour une hypothèse. Par quel privilége les assertions matérialistes cesseraient-elles d'être des hypothèses, puisque, par la nature même des questions qu'elles ont la prétention de résoudre, elles sont absolument invérifiables ? Distinguera-t-on, comme on a essayé de le faire, les hypothèses spéculatives et les hypothèses expérimentales, c'est-à-dire plus ou moins conformes aux faits ? Cette distinction sera fort arbitraire dans la pratique et n'a en soi rien de scientifique.

Un effet observé et la condition immédiate de cet effet connue, voilà tout l'emploi de la méthode positive. Comment donc pourrait-elle être appliquée à des problèmes concernant les causes premières et les conditions lointaines qui échappent par leur essence même à tout moyen de contrôle expérimental ? Ce ne serait pas répondre que de dire que dans la doctrine du matérialisme scientifique il n'y a pas de problème d'origine, d'histoire primitive, puisqu'il consiste précisément à nier les causes primordiales et par conséquent à supprimer le commencement des choses. Pour nier les causes premières aussi bien que pour les affirmer, l'autorité de l'expérience ici fait défaut. Si l'expérience ne peut prouver que ce qui est de son domaine, par là même il est évident qu'elle n'a aucun titre à nier ce qui, par la nature des questions, sort de son domaine. Enfermée par ses conditions dans les limites de l'ordre actuel, tout ce qui par hypothèse dépasse ces limites échappe à ses prises et défie son contrôle. Voici en conséquence une proposition qui a pour moi la valeur d'un axiome : toute question concernant les origines, qu'il s'agisse de la résoudre positivement ou négativement, est par ses termes mêmes une question transcendante, étrangère à la science positive qui n'est autorisée ni à l'écarter par une fin de non-recevoir, ni à la résoudre en un sens quelconque. Indiscutable dans la sphère des questions qui supposent l'ordre actuel des forces, des propriétés et des lois, son témoignage est de nulle valeur pour toute question qui met seulement en doute que l'ordre de choses actuel ait toujours existé.

Ici nous sommes heureux de nous rencontrer avec un penseur éminent, M. Stuart Mill, qui me paraît avoir posé sur ce point la question en des termes d'une clarté décisive. Bien que positiviste par son éducation intellectuelle et par ses habitudes d'esprit empiriques, on sait qu'il ne se confond pas parmi les disciples dociles, résolus de suivre le maître dans toutes les applications de sa pensée individuelle. Dans une des pages de son livre sur M. Auguste Comte, traduites et censurées par M. Littré[1], M. Mill refuse très-nettement de suivre le fondateur du positivisme dans ses conclusions négatives à l'égard des questions d'origine. Il établit, au grand scandale des positivistes français, que ces conclusions ne sont pas nécessairement comprises dans les prémisses de la doctrine ; que rien, au point de vue du positi-

---

1. *M. Auguste Comte et M. Stuart Mill.*

visme, n'oblige le genre humain à rejeter les explications théologiques sur le commencement du monde, à cesser de rapporter la constitution de la nature à une volonté intelligente, de croire à un créateur et suprême gouverneur du monde. Ce raisonnement, par lequel il établit sa thèse, vaut contre le matérialisme aussi bien que contre le positivisme. En effet, dit M. Mill dont nous résumons la pensée, parce que l'on est résolu à ne tenir compte, dans les sciences positives, que d'un ordre reconnu des phénomènes, s'ensuit-il que l'on soit obligé d'étendre à l'infini en arrière et d'appliquer au passé les mêmes théories positives qui expliquent le présent? Dans l'ordre actuel des choses, nous rejetons le *surnaturel*, c'est-à-dire toute explication des phénomènes prise ailleurs que dans les lois déterminées ou déterminables. Mais le mode positif de penser n'est pas nécessairement une négation du surnaturel; il se contente de le rejeter à l'origine de toutes choses. Si l'univers eut un commencement, ce commencement, par les conditions mêmes du cas, fut surnaturel; les lois de la nature ne peuvent rendre compte de leur propre origine. Tout ce que la philosophie positive (et de même le matérialisme) peut établir, c'est que, dans les limites de l'ordre existant de l'univers, ou plutôt de la partie qui nous en est connue, la cause directement déterminative de chaque phénomène est naturelle. Mais avec ce fait il n'est nullement incompatible de croire que l'univers fut créé et même qu'il est continuellement gouverné par une intelligence suprême, pourvu que nous admettions que ce gouvernement intelligent adhère à ces lois fixes. Il suffit, pour être fidèle à ce qu'il y a d'essentiel dans la philosophie positive, de considérer tous les événements comme des parties d'un ordre constant, chacun de ces événements étant le conséquent invariable de quelque antécédent, condition ou combinaison de conditions. Mais sur le reste l'opinion est libre et personne n'est obligé d'aller au delà de ce point, même étant admis de mode positif de penser. Il demeure loisible pour chacun de nous de reconnaître ou de nier un antécédent universel duquel tout le système de la nature soit originellement le conséquent, que cet antécédent universel soit d'ailleurs conçu comme une intelligence ou non. — La gravité de cette concession de M. Stuart Mill n'a pas échappé, nous l'avons vu [1], à la sagacité de M. Littré, et l'on s'explique sans peine la vivacité des instantes réclamations que le chef actuel du positivisme français oppose à de pareilles assertions, par lesquelles toute la métaphysique peut se relever, pourvu qu'elle se tienne à l'origine des choses et qu'elle ne prétende pas troubler par des vues personnelles ou par des caprices l'ordre actuel et reconnu des phénomènes.

Retenons de ce raisonnement de M. Stuart Mill cette proposition qui nous paraît péremptoire : si l'univers eut un commencement, ce commencement, par les conditions mêmes du cas, fut surnaturel; les lois de la

---

[1]. Voir plus haut, page 59.

nature ne peuvent rendre compte de leur origine. Il y a là une fin de non-recevoir absolue contre les prétentions du matérialisme. Elle met parfaitement en lumière le postulat sous-entendu par toutes les sectes contemporaines qui prétendent résoudre négativement le problème du commencement des choses par des données expérimentales puisées dans l'ordre des phénomènes matériels et de leurs lois. Assurément on peut supposer que cet ordre n'ait jamais commencé, et c'est cette supposition qui constitue le matérialisme dogmatique. Mais sur quoi s'appuie cette sorte de dogmatisme? Quelle expérience a vérifié cette hypothèse et l'a fait passer par le contrôle au rang d'une vérité incontestable? Je réponds à cette hypothèse par une hypothèse contraire qui la détruit. Je suppose que l'univers eut un commencement, ce qui revient à dire que l'ordre actuel n'a pas toujours existé. Comment les matérialistes peuvent-ils me prouver le contraire? Par l'examen des lois de la nature? Mais ces lois peuvent bien rendre compte de ce qui est, non de ce qui, par hypothèse, a précédé ce qui est. Elles expliquent la forme actuelle de l'univers, non le mode de sa formation, si l'on suppose qu'il y a eu formation. Il ne suffit pas de dire que s'il y a une question d'origine à poser, toute explication expérimentale est impuissante à la résoudre, il faut ajouter que nulle expérience ne peut démontrer qu'il n'y a pas de question d'origine à poser et que l'ordre des phénomènes actuels est éternel comme il est constant.

Plus d'un adversaire de la métaphysique, réduit par l'évidence, nous donnera raison sur ce point. Un savant célèbre de Berlin, M. Virchow, qui à certains égards peut être considéré comme inclinant visiblement au matérialisme, s'en détache et s'en distingue cependant par ces fermes déclarations qui confirment tout ce que nous venons de dire et que nous recueillons comme l'aveu précieux d'une intelligence supérieure. « Personne, après tout, ne sait ce qui était avant ce qui est.... La science n'a d'autres données que le monde qui existe.... Le matérialisme est une tendance à vouloir expliquer tout ce qui existe, tout ce qui se fait par les propriétés de la matière. Le matérialisme va au delà de l'expérience, il se constitue à l'état de système. Or les systèmes sont bien plus le résultat de spéculations que le résultat de l'expérience. Ils prouvent en nous un certain besoin de perfection que la spéculation peut seule satisfaire, car toute connaissance qui est le résultat de l'expérience est incomplète et présente des lacunes [1]. »

La science positive n'a d'autres données que le monde qui existe; l'expérience ne peut nous apprendre que ce qui est; personne ne peut savoir expérimentalement ce qui était avant ce qui est. Il semble que ce soient là les termes dans lesquels doit se tenir tout savant digne de ce nom; mais cette mesure du bon sens scientifique ne convient guère au tempérament belliqueux de M. Büchner, le porte-drapeau du matérialisme, non plus qu'à celui de ses jeunes compagnons

---

1. *Revue des Cours scientifiques*, année 1864, p. 308-310.

d'armes. On nous déclare fièrement que la perception des sens suffit au matérialisme; que c'est sur des faits visibles et palpables qu'il s'appuie ; que les sciences physiques et naturelles ont parfaitement le droit de se mêler des questions philosophiques, une science n'ayant d'autres limites que celles qu'elle se pose à elle-même. En vain quelques savants timides conseillent de s'abstenir, parce qu'ils croient que les matériaux de l'empirisme ne suffisent pas encore à la solution des problèmes de cet ordre. « Non sans doute, leur répond avec assurance M. Büchner, non, ils ne suffisent pas pour résoudre ces questions d'une manière positive, mais ils sont plus que suffisants pour les résoudre d'une manière négative. » Mais n'est-ce pas résoudre ces questions très-positivement que de les résoudre ainsi ? Soutenir qu'il n'y a pas même lieu de poser la question de Dieu, c'est affirmer que le monde existe par soi, ce qui est une solution très-positive. Or, c'est

---

1. *Force et Matière*, p. 258, 260, etc.

ce que deux vrais savants, l'un dans l'ordre de la logique, l'autre dans les sciences de la réalité, MM. Stuart Mill et Virchow, se déclarent péremptoirement incapables d'affirmer, toute démonstration de ce genre étant à 'eurs yeux entachée d'une pétition de principe. Jusqu'à ce que le matérialisme soit parvenu à sortir de ce cercle vicieux que la logique trace autour de sa conception fondamentale, jusqu'à ce qu'il ait réussi à prouver expérimentalement que ce qui est a toujours été tel qu'il est, dans la forme actuelle et l'ordre reconnu des phénomènes ; tant qu'il n'aura pas ôté à ces questions d'origine le caractère de transcendance qu'elles ont par essence, et qu'il n'aura pas soumis ses solutions négatives à une vérification dont l'idée seule est contradictoire ; jusque-là, et nous avons, on le voit, de bonnes raisons de croire ce moment fort éloigné, le matérialisme subira la condition commune de toute démonstration non vérifiable. Il raisonnera à sa façon sur l'impossibilité de concevoir un commencement au système des choses, à l'existence de la matière et de ses propriétés, mais il ne prouvera rien expérimentalement, ce qui est, d'après ses principes, la seule manière de prouver quelque chose. Il spéculera, ce qui est fort humiliant pour les contempteurs de la spéculation. Il recommencera une métaphysique, ce qui est le comble de la disgrâce pour les adversaires de la métaphysique. On nous reproche sans cesse le caractère *à priori* de nos solutions concernant les causes premières. Il faut que le matérialisme accepte sa part de l'objection, si plein d'illusions qu'il puisse être sur sa valeur et sa portée scientifiques, si enivré qu'il soit des conquêtes de la science positive avec laquelle il essaye vainement d'identifier sa cause, de confondre sa fortune et ses droits.

CHAPITRE VII.

Incompétence du matérialisme scientifique dans les questions d'origine. Exemples tirés de sa critique de l'idée de Dieu.

Nous avons essayé de montrer que l'expérience, telle que l'emploient les sciences de la nature, n'a pas qualité pour traiter les questions d'origine ; qu'elle ne peut rien avancer sur ces grands sujets qui puisse être vérifié ; que par conséquent le matérialisme est mal venu à se présenter à nous comme étant la solution négative de ces questions, au nom des sciences naturelles, de même que le spiritualisme se ferait illusion à lui-même s'il se persuadait qu'il possède la démonstration rigoureusement et positivement empirique de Dieu. Ni la théodicée ni la négation de la théodicée ne sont, à proprement parler, objet de science positive, dans le sens que nous avons donné à ce mot, n'étant pas matière à vérification expérimentale. Hors de ce point unique, il n'y a que la raison et le raisonnement opérant d'après leurs procédés et sous leur responsabilité propre. Nous venons de le démontrer sous forme synthétique; nous arriverions au même résultat par voie d'analyse, en examinant la thèse négative du matérialisme contre Dieu aussi bien que ses thèses positives sur l'éternité de la matière et de la force.

Prenons d'abord cette affirmation qu'il n'y a pas de Dieu. M. Chevreul, dans le livre que nous avons déjà plusieurs fois cité et qui est presque exclusivement consacré à la définition de la méthode expérimentale et à ses emplois divers, fait précisément à cette question une curieuse application de ses principes. Suivons-le pour un instant, ce sera pour nous une occasion intéressante de voir comment un savant peut envisager les problèmes de cet ordre avec ses procédés et ses habitudes d'esprit. L'athée, dit-il dans un chapitre que nous résumerons le plus souvent avec les expressions mêmes de l'auteur[1], affirme qu'il n'y a pas de Dieu et que dans l'univers il n'existe que de la matière brute et des forces qui y sont inhérentes. En posant une pareille affirmation, l'athée part-il de la méthode expérimentale ? Assurément non. Il reproche aux partisans de l'existence de Dieu de n'admettre qu'une hypothèse, dans l'impuissance où ils sont de la démontrer. Mais, lui, peut-il démontrer la sienne ? Il ne l'a jamais fait et tout porte à croire qu'il ne le fera jamais. Et reprenant à ce point de vue la question de l'existence de Dieu, M. Chevreul entreprend de nous faire sentir qu'il y a dans la suite du raisonnement d'où l'on conclut Dieu une logique plus conforme à l'esprit de la méthode expérimentale que dans la suite du raisonnement contraire.

En quoi consiste la pratique usuelle et

---

[1]. *Histoire des connaissances chimiques*, liv. V, chap. III, art. 2, p. 350 et sq.

familière de cette méthode? A rechercher la cause immédiate d'un effet, d'un phénomène sur lequel l'attention de l'observateur s'est fixée. Le but une fois atteint, qu'y a-t-il? un effet décrit, constaté, et la cause immédiate de cet effet connue. Appliquons cela à la considération de la vie dans le monde. Nous y verrons une série d'effets disposés de telle sorte que nous devons les rapporter à une cause intelligente, et que cette cause intelligente nous paraît être la seule par laquelle il soit possible d'expliquer une pareille liaison d'effets. Remarquons bien qu'il n'y a dans ce raisonnement qu'une analogie avec la méthode expérimentale, une conformité avec l'esprit de cette méthode. M. Chevreul ne prétend pas offrir ce raisonnement comme une application précise des règles de l'expérience positive; mais c'est un raisonnement pour le moins aussi naturel, aussi nécessaire que celui que nous faisons en voyant une montre, l'agencement de ses parties, les résultats de cet agencement, quand nous concluons que la montre ne s'est point faite seule, sa partie essentielle n'étant pas la matière brute, mais l'arrangement de ses parties par l'esprit de l'homme.

Voici un vertébré, un insecte, un mollusque, à partir du moment où, germe fécondé, il apparaît à l'œil aidé du microscope; observons-le jusqu'à sa mort, et nous verrons combien les actes dont sa vie se compose diffèrent du mouvement de la montre. Tous les organes de celle-ci restent matière brute pendant le mouvement comme pendant le repos. Mais l'être destiné à vivre jouit de la faculté de s'accroître aux dépens du monde extérieur. Que de phénomènes remarquables depuis sa naissance jusqu'à l'époque où il transmet la vie à des parcelles de matière qui seront un jour des individus semblables à leurs ascendants et capables à leur tour de la transmettre à d'autres parcelles? Quelle merveille que cette *forme spécifique* se perpétuant dans une succession d'êtres, les circonstances restant les mêmes, surtout si l'on compare l'extrême variété de toutes ces *formes spécifiques* d'êtres vivant dans des circonstances semblables du monde extérieur et n'empruntant à ce monde, pour s'accroître, qu'un très-petit nombre d'éléments matériels! Examinez les différences respectives des organes aux divers âges de la vie, l'harmonie mutuelle, le changement graduel de ces formes, dans le même individu. Appliquez à l'étude philosophique de la vie les grands principes de *l'état antérieur et de l'état ultérieur* auxquels M. Chevreul attache avec raison une si grande importance, et qui ne sont qu'une transformation du principe de la finalité, une traduction en langage expérimental et positif. Mais voyez surtout éclater les merveilles de la vie dans l'instinct de l'animal, dans l'intelligence de l'homme, dans la grandeur inattendue du sens moral qui couronne et achève cette série de phénomènes. — Si la montre ne s'est point faite toute seule, la partie essentielle étant non la matière brute mais l'arrangement de ses organes par l'esprit de l'homme, ce fait incontestable nous conduit sans détour à dire : L'univers ne s'est pas fait seul tel que nous le voyons ; une intelligence suprême a présidé à son arrangement avec nombre, poids et mesure. Ici, de même que dans la montre, ni la matière, ni la nature des forces simples agissant sur cette matière ne constituent essentiellement l'être vivant. C'est l'arrangement de cette matière soumise à une *résultante de forces* qui constitue la *vie* et en vertu de laquelle la vie de l'être se transmet avec sa forme spécifique à des individus capables de la perpétuer dans l'espace et dans le temps. « Cette suite de considérations, conclut M. Chevreul, ne satisfait-elle pas plus l'esprit que les raisonnements dont la conclusion aboutit au matérialisme? Qui m'y a conduit? C'est l'usage continu de la méthode expérimentale dont le point de départ est le phénomène, l'effet; et le but, la cause immédiate de ce phénomène, de cet effet. C'est la pratique instinctive de cette méthode qui naturellement, nécessairement me conduit à cette conclusion que si la montre est l'œuvre de la science humaine, l'être doué de la vie n'a pu la recevoir, avec l'instinct, l'intelligence et le sens moral, que d'une science divine[1]. » S'il n'y a pas là une démonstration rigoureusement positive, au sens vraiment scientifique du mot, il y a du moins un ordre et une liaison de raisonnements qui sont de nature à établir une très-forte probabilité pour tout esprit qui n'est pas systématiquement et d'avance déclaré contre cette croyance.

En tout cas, et c'est le point essentiel que M. Chevreul veut mettre en lumière, il y a dans cette manière de raisonner beaucoup plus d'analogie avec l'esprit expérimental que dans celle des matérialistes. Peut-on citer, par exemple, une proposition plus *à priori*, plus étrangère à toute observation, plus réfractaire à toute vérification possible qu'un principe tel que celui-ci que l'on retrouve à la base de tous les systèmes matérialistes : Tout ce qui est possible arrive? D'où l'on infère que l'univers étant possible, cela suffit pour qu'il soit — ou bien encore que l'univers étant possible, arrangé comme nous le voyons,

1. *Histoire des connaissances chimiques*, p. 343-360, t. I.

cela suffit pour qu'il soit tel. Est-ce là une explication? On n'y peut voir qu'une pétition de principe, le possible n'étant pour nous que l'inconnu et ce domaine se rétrécissant de jour en jour devant le progrès des sciences.

Le matérialiste nous dit : « Dieu n'existe pas. La matière à laquelle sont adhérents la chaleur, la lumière, l'électricité, le magnétisme, s'est arrangée elle-même comme nous la voyons; la plante nécessaire à l'animal s'est formée la première de manière à le nourrir. L'instinct de la brute, l'intelligence, l'âme de l'homme ont animé simultanément la matière. Tout cela n'a été que le résultat de quelque composition rare et extraordinaire des éléments matériels. » — M. Chevreul, avec son expérience presque séculaire, avec sa longue et intime pratique des procédés de la science positive a le droit assurément d'être écouté quand il déclare bien haut qu'une telle affirmation blesse non-seulement ses sentiments d'homme, mais tous ses sentiments de savant. Entre mille analogies arbitrairement invoquées par les matérialistes, en voici une : les êtres vivants, nous dit-on, ont été formés par un concours de causes purement physiques et matérielles, de même que se forment les cristaux de sel marin sous l'action des rayons du soleil. Mais, remarque M. Chevreul, les formes régulières que prennent les espèces chimiques par la cristallisation n'ont rien de comparable avec les êtres vivants. Elles sont le résultat de l'équilibre le plus stable de leurs molécules, quant aux circonstances où elles s'agrègent ; tandis que l'être vivant, au lieu d'un solide géométrique à facettes planes, affecte généralement des formes plus ou moins arrondies, composées de solides et de liquides, dans l'intérieur desquelles tout est mouvement ; des molécules y pénètrent du dehors, pendant que d'autres molécules en sortent. La vie n'existe qu'à cette condition ; le mouvement est donc inhérent à l'être vivant comme la stabilité au cristal, et dans l'être vivant où la matière cristallise, la maladie existe.

Les plantes et les animaux, disent encore les matérialistes, ont été produits par les circonstances mêmes où la matière s'est trouvée, sans dessein prémédité d'une cause intelligente; leurs formes si variées sont autant d'effets du hasard; la faculté qu'ils ont de se reproduire avec leurs formes spécifiques originelles, les facultés instinctives qui veillent incessamment sur la conservation de la brute sans que celle-ci le sache; enfin l'intelligence, la pensée, l'esprit, l'âme de l'homme, sont des conséquences nécessaires de ces forces variées qui tiennent la vie du hasard. « Certes nous voilà loin de la cristallisation; et vos assertions manquent de cette suite, de cette contiguïté de raisonnements auxquelles la méthode expérimentale nous conduit. »

On répond que dans l'âge du monde où la vie apparut sur la terre, la nature jouissait d'une puissance qu'elle a perdue. Mais si l'on prétend rester dans la science, c'est-à-dire dans le connu, il faut avant tout écarter avec soin toute équivoque, toute pétition de principes; il ne faut pas commencer par faire un roman trop commode qui consisterait à supposer la matière douée de forces différentes de celles que nous lui attribuons ; à ces conditions seulement, dit très-bien M. Chevreul, la discussion reste sérieuse. Or, voilà ce que l'on ne peut absolument concevoir au point de vue de la science expérimentale.

L'argumentation mérite d'être conservée dans son intégrité. Assurément elle restera. — Si l'on se représente sans difficulté, dans la constitution chimique du globe, des époques où les forces de la matière agissaient dans l'atmosphère et dans l'écorce terrestre avec plus d'intensité qu'aujourd'hui, de sorte que de vastes chaînes de montagnes étaient soulevées et que de grands cataclysmes, en creusant de profondes vallées, changeaient le relief des plaines, l'on ne se représente plus l'influence de cette puissance pour développer la vie; car la composition chimique des corps vivants ne souffre ni une grande chaleur ni une forte électricité; elle cède même à ces forces en se simplifiant, c'est-à-dire en se décomposant. Les composés produits sous l'influence de la vie sont généralement plus complexes que ceux de la nature inorganique; leur stabilité est moindre et leur formation fort lente. Dans cet état de choses il faudrait donc expliquer cette contradiction : comment cette nature aurait-elle été à la fois assez puissante pour engendrer la vie et impuissante pour l'anéantir ? Cette intensité extraordinaire des forces de la matière que l'on suppose, est précisément incompatible, par hypothèse, avec la composition chimique des produits vivants qu'elle aurait infailliblement altérée ou détruite. Si l'on allègue que cette nature puissante n'a pas créé les espèces actuelles, mais les espèces antédiluviennes que l'on prétendrait avoir été plus fortement constituées au point de vue chimique que les autres, la science expérimentale répond encore par cette remarque que les conditions où vivaient les espèces antédiluviennes, devaient avoir les plus grands rapports avec les conditions du monde actuel, à en juger par les formes de ces espèces, par la composition des os que nous trouvons à l'état fossile, et par l'habitude de leur vie sur la terre et dans les eaux douces ou salées ; car évidemment leur constitution vitale était subordonnée à l'eau : celle-ci devait être constamment liquide dans l'intérieur de leurs organes, et les principes plastiques ne pouvaient subir très-probablement une température de 75° sans se solidifier[1]. Une vie permanente, en ce cas, n'était donc possible qu'au-dessus de zéro et au-dessous de 75°.

Il est donc avéré, par les données de la science positive, que le recours à une nature plus puissante que la nature actuelle pour expliquer la formation spontanée des êtres vivants suscite des objections plutôt qu'elle n'appuie les doctrines qui l'invoquent. A plus forte raison, si l'on considère, non plus les conditions chimiques de la vie, mais les instincts et les facultés intellectuelles. A quelle analogie expérimentale pourrait-on recourir pour prétendre que les forces de la nature brute engendrent et l'instinct de l'animal,

---

1. *Histoire des connaissances chimiques*, t. I, p. 358.

faculté dont tous les actes dénotent la science la plus profonde comme la plus prévoyante, et l'intelligence de l'homme, et le sens moral qui lui révèle un ordre tout nouveau d'idées, de sentiments et de devoirs ? M. Chevreul termine cette forte et précise argumentation en déclarant qu'avec sa foi en la méthode expérimentale et son éloignement pour tout ce qui est *à priori*, il conçoit fort bien comment des esprits honnêtes, sérieux, timides, peuvent arriver à un certain doute dans les questions philosophiques, mais non comment ils pourraient arriver à l'athéisme. On ne devient athée, dit-il expressément, qu'avec une tendance antiscientifique au dogmatisme et à l'*à priori*, et en fermant les yeux sur un ensemble de faits absolument contraires au matérialisme.

Nous avons pensé que le témoignage d'un savant aurait une grande valeur dans cette question spéciale, qui consiste à savoir si l'esprit de la méthode expérimentale est vraiment contraire au principe de l'existence de Dieu. Nous sommes heureux d'avoir pu confirmer le résultat de nos propres réflexions par une autorité scientifique, juge et témoin irrécusable des procédés, des applications de la méthode expérimentale et même des analogies les plus délicates avec cette méthode.

Toutes les raisons invoquées à l'appui de la thèse négative contre l'existence de Dieu se réduisent à ces deux arguments, toujours les mêmes sous la forme variée qu'on leur donne : l'immutabilité des lois de la nature et l'absence de plan dans la constitution de l'univers. Une expérience suivie pendant plus de dix siècles, nous dit-on, a convaincu l'observateur que tout ce qui arrive et est arrivé se produit d'une manière naturelle, c'est-à-dire qu'il n'y a d'autre condition à l'apparition des phénomènes que la rencontre des éléments matériels existant de toute éternité et des forces physiques qui leur sont immanentes. Aussi loin que pénètre l'observation scientifique, elle ne rencontre que de la matière soumise à des lois fixes. L'histoire du monde, c'est la physique. Partout où il a pu contrôler librement les faits, l'esprit scientifique a constaté qu'il n'y avait ni exception quelconque ni dérogation momentanée à l'immutabilité de ces lois. Nulle part il n'a pu saisir un acte d'arbitraire, sous quelque nom qu'il se déguise, miracle ou providence particulière ; nulle part une seule trace de volonté distincte de ces inflexibles lois. Or s'il est vrai que ces lois gouvernent et qu'elles excluent toute autre intervention, tout acte personnel quel qu'il soit, de quel droit supposer qu'il existe quelque part un pouvoir transcendant, une raison séparée de la nature ? A quoi bon faire les frais d'une hypothèse mystique et supposer l'existence d'un dieu fainéant, si son inutile volonté s'identifie étroitement aux lois de la physique et qu'elle se confonde avec la nécessité ?

On croit cet argument solide puisqu'on le répète à satiété. L'est-il en effet ? Nous serons très-bref sur ce point, ayant entrepris non pas de réfuter directement le matérialisme, mais de donner la preuve qu'il procède *à priori*, contrairement à toutes ses prétentions. Nous ne toucherons pas, même en passant, à la question des miracles que le matérialisme a surtout en vue quand il établit l'immutabilité des lois de la nature. Cette question appartient à l'ordre théologique et n'a que faire incidemment dans une discussion métaphysique sur les causes premières. Mais en nous maintenant rigoureusement dans le point de vue où nous nous sommes placé en commençant cette discussion, il ne serait pas difficile de faire voir, ici encore, que ce raisonnement des matérialistes n'est qu'une induction très-arbitraire à l'occasion de certains faits exacts sans doute dans leur généralité, bien observés, mais dont l'interprétation reste en dehors de toute vérification positive. Peut-on établir scientifiquement que l'immutabilité des lois, c'est-à-dire, en définitive, l'ordre dans le monde, a pour conclusion nécessaire le rejet d'une cause intelligente ? Vous constatez que les lois sont immuables, dirons-nous aux matérialistes. Nous le constatons comme vous, mais nous interprétons ce fait d'une autre façon que vous. Au lieu d'en inférer comme vous que ces lois immuables suffisent à rendre compte d'elles-mêmes, nous en inférons que l'ordre qu'elles révèlent suppose un ordonnateur suprême. Sur le même fait deux interprétations contraires se produisent. Qui les jugera? La raison, seul arbitre en ce genre de questions. La vérification expérimentale n'aboutirait qu'à contrôler inutilement une seconde fois l'exactitude des faits observés, elle ne nous apporterait aucune lumière sur l'explication même des faits. Ce qu'il faudrait que le matérialisme démontrât, c'est l'incompatibilité absolue entre l'idée d'une cause intelligente et l'ordre du monde qui se maintient par la fixité des lois. Mais c'est ce qu'il ne fera pas, et pour cause. Le premier dogme du spiritualisme est le dogme d'une intelligence suprême, laquelle est exclusive du désordre, étant le principe même de l'ordre. La métaphysique n'a jamais admis que Dieu, en créant le monde, se fût réservé le droit de changer arbitrairement l'essence de la matière, c'est à-dire ses propriétés et ses lois. Elle n'a jamais songé à introduire le caprice au cœur des choses. Dieu ne peut-il exister que si l'on prouve qu'il passe son temps à déconcerter l'ordre dont il est l'auteur ? Le dieu que nous concevons avec Platon, c'est l'éternel géomètre, ce n'est pas et ce ne peut pas être un personnage fantasque, je ne sais quel roi de théâtre, révélant sa présence par des coups d'État injustifiables sur la nature et mesurant son pouvoir au désordre, c'est-à-dire à la déraison.

Mais à côté de cette induction au moins très-risquée du matérialisme, il importe de noter une observation incomplète et la suppression arbitraire d'une série de faits. Les matérialistes affirment bien au delà de ce que leur donne l'expérience lorsqu'ils prétendent qu'il ne se produit dans l'espace et dans le temps aucun phénomène en dehors des lois physiques et du mécanisme universel. C'est supposer résolue dans le sens de la négation pure une question bien grave, celle de la liberté morale dont on n'hésite pas à faire une pure dépendance et comme la forme humaine de la nécessité. Mais si les matérialistes se trompent, si, conformément à l'expérience intime, l'homme est vraiment libre, d'une liberté non subjective et idéale mais efficace et réelle, dès lors se déroule devant nous une série de conséquences, une série de faits complétement inexplicables par le mécanisme et qu'il faut bien cependant concilier d'une manière quelconque avec l'immutabilité des lois, puisque ces faits coexistent avec les lois. Il n'est donc pas vrai, comme on le prétend, que l'histoire du monde se résume dans la physique. Il faut faire une part et une large part à l'initiative de l'homme qui insère son acte libre dans la chaîne des causes matérielles. Sans doute nous ne coupons pas brusquement la trame de la nécessité physique, nous en modifions cependant d'une certaine manière l'invisible tissu. Nous ne changeons pas la quantité du mouvement dans le monde, nous n'en créons pas, mais nous pouvons en changer le cours, en modifier la direction. Qui pourrait calculer, depuis que la vie humaine est éclose sur la surface du globe, la somme des effets de cette activité ? Qui pourrait évaluer la résultante produite dans le monde par le concours de ces deux séries de forces, les forces aveugles et la force humaine, et décomposer cette résultante dans ses éléments ? Et cependant les lois mécaniques n'en subsistent pas moins dans leur inflexibilité, bien que la liberté humaine s'y mêle d'une certaine façon et modifie non la quantité, mais la direction du mouvement physique. Le monde de la liberté morale et le monde de la nécessité physique se sont ainsi développés concurremment depuis plusieurs milliers d'années intimement fondus l'un dans l'autre, pénétrés l'un par l'autre, mêlés dans un résultat commun. J'estime que l'immutabilité des lois de la nature n'est pas plus inconciliable avec l'existence de Dieu que le mécanisme universel n'est incompatible avec la liberté de l'homme. Ce sont des problèmes du même ordre, complètement réfractaires à tous les procédés de la méthode expérimentale et qui ne peuvent trouver de solution que dans les principes de l'ordre métaphysique. Si c'était l'occasion et le lieu de rechercher par quel nœud secret peut se faire le lien entre les deux mondes, le monde physique et le monde moral, je dirais que dans l'hypothèse où Dieu existe, je conçois qu'il agisse d'une certaine manière, sans porter atteinte à l'immutabilité des lois, comme j'expérimente chaque jour que l'activité libre de l'homme se mêle à leur action fatale, sans la détruire ni la suspendre un seul instant. Si l'homme a le singulier privilége de modifier la série des faits physiques en y intercalant son acte libre et de changer par là non la quantité, mais la direction du mouvement, n'est-ce pas pour nous comme un grossier symbole de ce que peut être le mode d'action d'une cause transcendante touchant d'une manière infiniment subtile les grands ressorts de la machine cosmique et imprimant au mouvement, sans en violer les lois et même en conformité parfaite avec elles, des changements de direction insensibles, dont sortent les plus grands effets, par exemple les actes successifs de la création ou même (car cette donnée admet toutes les hypothèses possibles) la lente métamorphose des êtres et le développement graduel du monde?

Ainsi entendue, la causalité suprême n'est pas établie en contradiction avec les lois physiques qu'elle a inscrites dans l'essence même de la matière en la créant. Au contraire, elle n'atteint ses grands desseins qu'en y faisant concourir ces lois mêmes qu'une critique superficielle lui oppose, et nous pressentons de loin un merveilleux accord insaisissable aux analyses humaines, mais non aux intuitions pures de la raison, entre les causes matérielles qui sont les conditions des phénomènes, et les causes finales, qui sont à la fois des intentions et des résultats.

Il n'y a donc aucune incompatibilité entre ces deux faits : d'une part, l'existence d'un dieu ayant créé et gouvernant le monde ; d'autre part, l'immutabilité des lois de la nature. Si Dieu existe, son existence et son action se concilient parfaitement avec l'existence et l'action des lois qui ne sont que l'ordre dans la nature. La question doit se transformer ; elle revient à examiner directement, non par une induction plus ou moins détournée, si Dieu existe, c'est-à-dire s'il a mis quelque part dans l'organisation du monde la marque de sa pensée, ou au contraire si tout s'explique sans lui. Il y a quelque chose de puéril à exiger que nous produisions une trace d'intervention personnelle dans le monde réglé des phénomènes et que nous révélions l'action du créateur par ses caprices. Dieu est l'ordre même puisqu'il est raison. — Mais il est très-scientifique de se demander s'il y a quelque marque des desseins imprimés dans la création, s'il y a quelque preuve manifeste d'intentions réalisées, d'un plan concerté, suivi, d'où l'on puisse conclure à une cause intelligente.

C'est ici que le matérialisme a fait son plus grand effort. Il a bien senti que, ce point emporté, la théodicée tomberait du coup. S'il était vrai qu'on parvînt à démontrer l'absence complète de marques d'un dessein suivi dans le monde, il n'y aurait plus de base dans l'expérience où puisse s'appuyer la raison qui cherche Dieu et qui ne trouverait dans l'infini de l'espace et du temps qu'un concours aveugle de forces. L'harmonie apparente qui règne dans le monde, nous dit-on, est un pur résultat des lois physiques, lesquelles tantôt paraissent agir conformément à des fins déterminées, tantôt révèlent leur mode d'action purement mécanique en se mettant en contradiction avec toutes les lois de la morale ou de la raison. L'instinct créateur de la nature est tellement aveugle et dans une telle dépendance des circonstances fortuites et extérieures, qu'elle donne souvent naissance aux productions les plus absurdes, si on les juge au point de vue d'une volonté raisonnable. On voit parfois cette nature en proie à une fécondité souvent inutile, nuisible même, impuissante d'ailleurs à éviter ou à vaincre le moindre obstacle qu'elle rencontre, atteignant souvent le contraire de ce que logiquement il nous semble qu'elle devrait atteindre. Si elle est troublée dans ses procédés par des accidents extérieurs, elle commet des fautes sans nombre et des bévues ridicules. S'il y avait un Dieu, verrions-nous de pareilles choses? Tout ne serait-il pas logique, harmonie, beauté, sagesse, conformité au but? Peut-on croire qu'une cause qui agit d'une manière si visiblement mécanique et aveugle, en dehors de toute idée théologique de bonté, de bienveillance, de paternelle tutelle, que cette cause soit un être, une volonté, une raison? On ne peut voir dans cette prétendue cause qu'une résultante des forces physiques et des circonstances variées dans lesquelles ces forces agissent sans repos, modifiant, métamorphosant, pétrissant, modelant en mille figures diverses, dans des combinaisons sans fin, l'éternelle et indifférente matière.

Depuis Épicure jusqu'à M. Büchner, l'argument n'a pas varié, et s'il s'est enrichi à travers les siècles d'une multitude d'exemples nouveaux, au fond il est resté le même, dogmatique, *à priori*, invérifiable. C'est uniquement à ce point de vue que nous voulons le considérer ici. On cite la multitude des cas où la nature agit contrairement aux seules fins que nous puissions concevoir. Cela revient à dire que dans un nombre infini de cas nous ne pouvons comprendre le but que poursuit la nature, ce qui est incontestable. Je ne sache pas de métaphysicien ou de théologien infatué qui de nos jours prétende donner la raison de tous les phénomènes. Mais quelle preuve positive le matérialisme peut-il fournir à l'appui de sa conclusion ? Sur quelle expérience appuie-t-il cette opinion que ces fins qui nous échappent n'existent pas ? J'admets qu'elles soient au delà ou au-dessus de notre intelligence. Cela prouve uniquement contre la raison humaine, non contre la science divine dont notre raison assurément n'est pas la mesure. L'inexplicable abonde dans l'univers; il est partout, sous nos yeux, à la portée de nos mains; nous le rencontrons à chaque pas. Si l'on veut que Dieu n'existe qu'à la condition d'agir comme agirait un homme à sa place, ce n'est pas nous qui concevons Dieu ainsi et qui le faisons à notre image. Cet anthropomorphisme grossier est le fait de nos adversaires; nous le laissons à leur charge. Ce que nous voulons établir, c'est que tous les faits négatifs dans cette question des causes finales n'ont aucune valeur au prix d'un fait positif, précis, bien analysé.

Un fait négatif ne prouve en bonne logique expérimentale qu'une chose, l'impossibilité pour l'homme de l'expliquer conformément à sa constitution intellectuelle. Il ne trahit pas l'absence de Dieu, mais les limites de notre intelligence. Au point de vue expérimental il ne signifie pas autre chose que cela, notre ignorance. Un fait positif a une tout autre valeur. Il nous révèle une cause intelligente par une analogie naturelle qui est une loi de notre raison. L'harmonie, par exemple, entre la constitution organique de l'œil et les lois de la lumière, d'où résulte l'acte de la vision, c'est un de ces faits inexplicables dans l'état actuel de la science par toute autre raison que la volonté expresse d'atteindre un certain résultat, volonté marquée par l'appropriation des moyens à la fin. Les explications si savantes de M. Darwin sur ce point n'ont pu triompher de l'évidence de la finalité, aux yeux mêmes de juges prévenus. N'avons-nous le droit d'en rien conclure?

Prenons pour arbitre l'esprit de la science expérimentale. S'il est vrai que le monde inorganique reste en dehors de toute explication possible par les causes finales, je ne risque pas d'être démenti en disant que le monde organique, dans sa généralité et surtout dans la sphère de ses phénomènes les plus élevés, est inexplicable au contraire sans la finalité ; j'ajoute que la multitude des faits négatifs ne doit pas l'emporter sur la certitude positive qui sort à flots de l'étude d'un seul cas déterminé. M. Claude Bernard, nous le savons, le déclare hautement malgré ses scrupules de savant, malgré sa circonspection philosophique, s'arrachant par le pur attrait de la vérité aux pentes secrètes qui inclinent sa pensée vers les explications exclusives du déterminisme scientifique. En étudiant l'être vivant dans l'individualité de son organisme et dans la solidarité des parties composantes, il n'hésite pas à conclure en faveur de la thèse que nous avançons : « Le physiologiste, nous dit-il expressément, est porté à admettre une *finalité harmonique* et *préétablie* dans le corps organisé dont toutes les parties sont

solidaires et génératrices les unes des autres[1]. »
N'est-ce pas avouer de la manière la plus irrécusable que l'idée seule de l'organisme implique la considération du plan, c'est-à-dire d'un concert d'intentions liées entre elles dans un résultat commun ? Que valent, près d'une déclaration pareille, tous les faits négatifs, c'est-à-dire les preuves multipliées à l'infini de notre ignorance ? La science est comme un tribunal. Mille témoins partis des points divers du monde scientifique viennent déposer successivement de ce qu'ils ont vu, de ce qu'ils ont compris. Qu'importe que plusieurs déclarent qu'ils n'ont pu saisir, dans les régions spéciales qu'ils ont explorées, la trace d'un dessein suivi, d'une intention, si un seul se lève et, au nom de l'expérience la plus savante, rendant un compte détaillé des faits qu'il a constatés dans son domaine scientifique, s'écrie : « Moi j'ai vu, moi j'ai compris ! » Ce témoin irrécusable, c'est la physiologie, et je ne doute pas que la vraie science,

[1]. *Introduction à l'Étude de la médecine expérimentale*, t. I*er*, p. 154.

si elle est sans parti pris, ne tienne en singulière considération ce témoignage explicite et ne conclue comme nous. Oui, un fait comme l'organisme met hors de doute la finalité. Or, si la finalité existe sur un seul point, une induction raisonnable nous autorise à conclure qu'elle existe ailleurs, là même où nous sommes incapables de la saisir.

Recueillons ici encore un aveu précieux de ce savant et profond critique, M. Stuart Mill. Il est loin de repousser d'une manière absolue l'idée de la finalité. Il établit même le droit pour chacun de former son opinion sur la question des origines « conformément au poids qu'il attache aux analogies dites *marques de dessein*. La valeur de ces marques est à la vérité une question pour la philosophie positive; mais ce n'en est pas une sur laquelle les philosophes positifs doivent être nécessairement d'accord[1]. » M. Littré n'admet pas une pareille concession. Il ne cache pas l'effroi scientifique que lui cause le retour

---

1. *M. A. Comte et M. Stuart Mill*, par M. Littré.

inopportun de ces marques de dessein perpétuellement renouvelées dans la structure des mondes, dans le mouvement des astres, dans l'appropriation de notre planète, dans l'organisation des êtres vivants. De telles marques de dessein ne peuvent être autre chose que des actes d'intervention incessante de la cause première. Or le principe de la philosophie positive repousse absolument, nous dit-on, les interventions et n'accepte que des lois. La valeur des marques de dessein, c'est tout simplement la doctrine de la finalité. Cette doctrine illusoire et chimérique, chaque science particulière l'a convertie en une doctrine positive comme sous le nom de *principe des conditions d'existence*, principe qui bannit toutes les interventions; c'est la dernière borne à laquelle la connaissance humaine puisse atteindre; si l'on va au delà, on quitte à la fois la science et la philosophie. Il semble pourtant, malgré cette énergique protestation, que la loi des conditions d'existence ne suffise pas toujours et n'explique pas tout, même aux yeux de M. Littré. Le chef du positivisme français déclare quelque part « qu'il faut reconnaître dans la matière organisée la propriété de s'accommoder, de s'ajuster à des fins. » Ici apparaît autre chose que la loi des conditions d'existence ; c'est, à ce qu'il semble, la doctrine même de la finalité, mais une doctrine qui élude la conclusion naturelle en faisant de la finalité une propriété de la matière organisée. Reste à savoir laquelle de ces deux inférences est la plus conforme à l'esprit de la méthode expérimentale : celle qui en relevant les marques de dessein dans l'organisation d'un corps vivant conclut à une cause intelligente, ou celle qui aboutit à un raisonnement comme celui-ci : « Il y a dans l'organisation de la matière des traces évidentes d'appropriation de certains moyens à certaines fins ; donc il faut reconnaître dans la matière organisée la propriété naturelle de s'ajuster à certaines fins. » Lequel de ces deux raisonnements ressemble à une pétition de principes ? j'en laisse juge le lecteur.

C'est là du reste une des tentations les

plus ordinaires auxquelles cèdent les adversaires de la métaphysique. Ils déplacent l'objet en litige, ils transposent, si je puis dire, la difficulté et ils s'imaginent l'avoir anéantie. L'évidence de la finalité déborde de toutes parts l'étroite et insuffisante explication tirée du principe des conditions d'existence. Il éclate à tous les yeux que le concert des phénomènes n'est pas toujours et partout concevable en tant que résultat, que bien souvent il n'est intelligible qu'en tant que dessein suivi, intention réalisée. On nous l'accorde ; mais on s'en croit quitte en inscrivant une propriété de plus à côté des autres propriétés de la matière. Donc, selon les circonstances, la matière donne naissance aux phénomènes de la finalité, comme en d'autres cas déterminés, aux phénomènes de chaleur, de lumière et d'électricité. La matière est un absolu, le seul véritable absolu, tour à tour capable d'affinités chimiques, d'organisation, d'appropriation à des fins, que dis-je ? capable même, en certains cas, d'instinct, d'intelligence, de sens moral et de raison. Cette puissance infinie de création, de production de la matière, on l'appelle nature; mais voyez : ce qui n'était qu'un mot résumant les propriétés matérielles bientôt devient presque un être. M. Flourens a remarqué avec beaucoup de justesse qu'on arrive ainsi par une gradation insensible à personnifier la nature. D'abord on ne croyait faire qu'une ellipse et qu'une métaphore. Peu à peu la métaphore devient une doctrine. On prête à la nature des inclinations, des volontés, des goûts ; elle choisit, elle dispose, elle combine, elle travaille. On nous parlera des œuvres de la nature, des lois de la nature, de ses jeux et de ses erreurs, de son instinct créateur, de son instinct artiste. La nature grandit ainsi démesurément même au sein des doctrines matérialistes, et s'enrichit successivement de tous les attributs ravis à Dieu. C'est M. Büchner lui-même, le matérialiste le plus dogmatique de ce temps, qui nous parle à chaque instant de l'action directe de la nature dans la production des êtres organiques qu'il oppose à l'existence d'un plan divin de la création. C'est lui qui, initié aux derniers secrets du grand laboratoire des êtres, nous déclare « que la nature n'admet pas ce qui est fait tout d'une pièce, mais seulement ce qui naît et se développe[1]. » A propos du rudiment de l'œil trouvé chez les animaux aveugles de la caverne du Mammouth, il nous parlera quelque part « de cette impulsion préexistante de la forme dans la nature qui se fraye son chemin sans tenir compte du plan ni du but. » Mais cette nature qui imprime à la matière l'impulsion préexistante de la forme, c'est donc quelque force distincte de la matière, puisqu'elle la gouverne et lui imprime un dessein constant, bien qu'irrationnel ? — C'est encore M. Moleschott qui dans un discours d'ouverture à son cours de Turin prononçait ces paroles assez étranges dans la bouche d'un matérialiste et qui sembleraient mieux convenir à un hégélien : « Ne croyez pas que je sois assez téméraire ou assez aveugle pour dénier à la nature un dessein et un but. Ceux dont je partage

---

1. *Science et Nature*, t. II, p. 27, 34, etc.

les idées ne repoussent nullement le Τέλος qu'ils devinent, qu'ils voient partout avec Aristote dans la nature. Ils veulent seulement prémunir l'investigateur contre les labyrinthes dans lesquels irait se perdre sa recherche s'il tentait de deviner, au lieu de s'en tenir au *rerum cognoscere causas*[1]. » Ces inconséquences de langage, qui trahissent de grandes perplexités de doctrine, sont dénoncées avec énergie par M. Chevreul : « Nous ne concevons rien, dit-il avec une grande justesse, à l'opinion bâtarde de ceux qui, voulant bannir de la langue les mots *Dieu et Providence*, ont dit *nature*, non plus pour exprimer l'idée de l'univers créé par Dieu, mais pour confondre cet univers avec un être doué d'attributs divins, tels que la force créatrice, la force conservatrice, la prévoyance, parfois même la bonté : en un mot, nous ne pouvons comprendre un être doué d'attributs divins qui ne soit pas Dieu, et qui semble n'avoir été imaginé que pour dire aux

---

1. *Revue des Cours scientifiques*, 18 janvier 1864.

spiritualistes : nous pensons comme vous, et aux matérialistes : nous ne croyons pas à Dieu, mais comme vous nous croyons à la *nature sensible à nos sens*[1]. »

Faut-il donc admettre avec M. Moleschott qu'il y ait comme une âme plastique de la matière, puissance occulte, mystérieuse, indépendante des êtres contingents dans lesquels elle réalise ses effets ? « Mais une nature universelle, comme dit Leibniz, serait une sorte d'idole. » C'est encore Leibniz qui déclare que la nature, prise en général, n'est rien de plus que l'ensemble des forces de l'univers avec l'ensemble de leurs puissances persistantes et de leurs lois[2]. Non, la nature n'est pas une puissance secrète répandue dans la masse des choses. Ce serait là je ne sais quel principe équivoque, superposé à la série des forces et des phénomènes. Ou cette nature est Dieu même ou elle n'est qu'une vaine idole, une abstraction, un mot. Elle n'a pas d'existence réelle en soi, voilà

---

1. *Histoire des connaissances chimiques*, t. Ier, p. 350.
2. *De Ipsâ naturâ*.

ce qu'il faut bien comprendre. Il arrive cependant trop souvent aux adversaires de la métaphysique de l'invoquer dans les cas embarrassants et de faire intervenir ce nouveau *deus ex machina* pour dénouer les problèmes insolubles par les causes matérielles. Si l'école matérialiste veut être fidèle à l'esprit de la méthode expérimentale, il faut absolument qu'elle renonce à ce nom trop commode qui n'est qu'une métaphore sous laquelle se glisse plus d'une équivoque et s'abrite plus d'une pétition de principes.

En résumé, la critique du matérialisme dans la question de l'existence de Dieu repose sur deux propositions : l'une qui établit l'immutabilité et l'universalité des lois physiques, d'où l'on conclut l'inutilité d'un dieu qui coexisterait avec ces lois ; l'autre qui prétend établir l'absence complète des marques de dessein, d'où l'on infère que le monde dans sa constitution actuelle étant un ensemble de résultats purement mécaniques absolument exclusif de toute intention, il n'y a pas eu de création. Ni Dieu créateur, puisqu'il n'a pas laissé de traces de sa pensée dans son œuvre, ni Dieu providence, puisque son acte providentiel disparaît dans l'inflexibilité des lois, voilà la conclusion. Des deux propositions sur lesquelles elle se fonde, l'une est incontestable, mais en bonne logique elle ne conclut pas contre Dieu. A supposer que Dieu existe, il est auteur de l'ordre et dès lors on ne peut pas exiger qu'il se révèle dieu en portant atteinte capricieusement aux lois qu'il a posées. L'autre proposition est des plus contestables, c'est celle qui exclut la finalité de l'étude scientifique du monde. Qu'on le remarque bien, cette proposition n'aurait toute sa valeur qu'à la condition d'être absolue. Or elle ne l'est pas, elle ne peut pas l'être ; elle est relative à certaines parties du monde, elle cesse d'être exacte pour d'autres. Et s'il y a quelque part, en un seul point du monde, des traces sensibles de finalité, tout nous porte à croire qu'il y a des fins ailleurs, même là où elles ne se révèlent pas à nos moyens bornés d'investigation. Il suffit d'ailleurs de remarquer que sur cette question l'accord est loin de régner entre nos adversaires, pour se persuader qu'elle n'est pas scientifiquement résolue. Peut-on tirer une autre conclusion de ce fait considérable que des positivistes comme M. Stuart Mill, des matérialistes comme M. Moleschott n'admettent aucune incompatibilité entre l'idée de fin et la conception scientifique du monde? Donc en excluant la cause première, la cause intelligente, sur des données aussi contestables, l'école matérialiste fait du pur dogmatisme, du dogmatisme à sa manière, sous sa responsabilité propre, en dehors de toute expérience et vérification, ce qui étant contraire à ses principes lui ôte toute raison d'être.

CHAPITRE VIII.

Incompétence du matérialisme scientifique dans les questions d'origine (Suite). — L'éternité de la matière et l'éternité de la force.

Le matérialisme est-il plus fidèle à la méthode expérimentale quand il essaye d'établir les thèses positives qui constituent sa conception fondamentale du monde ? Est-il vrai, comme il en a la prétention, que dans cette démonstration il ait pour guide uniquement la perception exacte et verifiée des sens, ne tirant des faits précisément que ce qu'ils renferment, n'y ajoutant rien de son propre fonds, n'étalant devant nous, sous forme de propositions générales, que le contenu scientifique de chaque fait, comparé à des milliers de faits semblables ?

Je doute qu'il y ait dans toute l'histoire de la métaphysique un principe plus évidemment *à priori* que celui-ci : *la matière est éternelle*. A supposer même qu'une induction pareille soit possible d'après les faits constatés, au moins faut-il convenir qu'elle est absolument invérifiable, par conséquent réfractaire par essence à la première loi de la science expérimentale. On ne songe pas, je suppose, à contrôler dans le passé ou dans l'avenir l'éternité de la matière, de prouver, par une série d'expériences instituées en vue de ce raisonnement, qu'elle n'a pas commencé et qu'elle ne sera pas anéantie. Je n'insiste pas sur l'impossibilité de toute vérification. J'examinerai seulement si la conclusion est légitimement tirée des faits. Quels sont ces faits? Je n'en vois qu'un consacré par cette proposition célèbre : *rien ne se perd, rien ne se crée*. L'éternité de la matière se conclut, nous dit-on, non pas seulement de l'impossibilité rationnelle de la force créatrice (assertion que nous avons discutée tout à l'heure), mais de l'impossibilité expérimentale de l'anéantissement d'un atome. Nul atome ne se perd dans l'univers immense; la métamorphose continuelle des êtres nous montre, sous la variation incessante des formes, toujours la même masse persistante bien que dispersée, la même quantité de matière invariable dans ses transformations. Voilà les faits. Voici le raisonnement que l'on bâtit sur ces faits : s'il est établi, nous dit-on, que pas un atome ne peut se perdre, cela prouve l'existence nécessaire et éternelle, l'être absolu de l'atome. Ce qui ne peut être anéanti n'a pu être créé ; la matière est actuellement indestructible, donc elle est éternelle. Je ne crois pas me tromper en rétablissant dans ces termes l'argumentation des matérialistes. Mais qui ne voit que cette argumentation ne peut satisfaire que ceux dont le parti est pris d'avance ? Ici encore on confond l'exactitude des faits avec celle du raisonnement. Pour ma part, j'admets les faits, mais je puis en tirer aussi légitimement une conclusion fort différente. Rien ne se perd; la quantité de la matière reste la même, je l'accorde; de même que rien ne se perd, rien ne se crée.

Soit. Je me tiens pour convaincu que si j'avais des balances assez fortes et assez précises pour me permettre une vérification, l'expérience constaterait qu'aucun atome ne vient s'ajouter à la masse persistante sous les formes les plus diverses, de même qu'aucun atome n'en peut être à aucun instant retranché. J'admets tout cela. Mais est-ce que ces faits ne s'accordent pas aussi bien avec l'idée de la création qu'avec le prétendu principe de l'éternité de la matière? Ne puis-je pas en inférer aussi légitimement la vraisemblance de l'acte créateur, constant à lui-même, fidèle à ses propres lois? La certitude positive que rien ne se perd, que rien ne se crée, est, selon le véritable esprit de la science expérimentale, une certitude sans doute, mais dans certaines limites, et dans ces limites seulement; elle est circonscrite à la partie de l'univers qui nous est accessible et connue, dans les bornes du temps où nous enferment nos moyens d'investigation. Au delà, s'il y a un au delà, en dehors de cette partie de l'univers déterminable par la science, en dehors du temps perceptible à nos expériences, plus rien que l'inconnu pur, le possible, l'indéterminé. C'est donc outrepasser d'une manière choquante les droits et la portée de l'expérience positive que de déclarer qu'elle conclut à l'éternité de la matière. Elle ne conclut qu'à la persistance de la matière dans sa quantité actuelle et déterminable. Elle est absolument muette, elle doit l'être, elle le sera toujours sur les origines et sur l'avenir. Qui ne voit d'ailleurs la faute de logique que renferme une proposition pareille : ce qui ne peut être anéanti n'a pu être créé ? Pourquoi cela ? Quel rapport nécessaire y a-t-il entre ces deux idées : l'impossibilité de l'anéantissement actuel et l'impossibilité de la création primitive ? Pourquoi ce qui actuellement ne peut disparaître n'a-t-il pu commencer ? Pourquoi ce que nous ne pouvons détruire par nos moyens humains n'a-t-il pu être créé ? Voilà à coup sûr une transformation bien inattendue de cette proposition parfaitement inoffensive qu'établit la science, à savoir, que nous ne pouvons rien retrancher ni ajouter à la quantité immuable de la matière. De cette proposition à l'autre, que soutiennent les matérialistes, on ne peut passer sans sortir de l'expérience. C'est tout ce que nous voulions démontrer.

Nous pourrions appliquer le même genre d'observations à cette autre thèse fondamentale du matérialisme, à savoir, que la force, pas plus que la matière, n'a pu être créée puisqu'elle ne peut être anéantie. La force ne varie, nous dit-on, que dans son intensité apparente, manifestée ici ou là, sur tel ou tel point de l'espace, non dans son intensité réelle qui se montre toujours, dans la cause de ses effets, égale à elle-même. De là, par des transitions insensibles, on passe à l'idée de l'unité et de l'immutabilité de la force inhérente à l'éternelle matière, ce qui dispense de toute hypothèse mystique. On en infère pareillement l'impossibilité du repos dans la nature et la nécessité de la circulation de la vie dans l'univers. L'existence du monde n'est, dans cette suite d'idées, qu'un mouvement circulaire dans lequel chaque mouvement, produit par un mouvement antérieur, devient à son tour la cause d'un autre mouvement équivalant exactement à sa cause. La vie universelle peut être comparée à un cercle dans lequel les causes et les effets se lient sans discontinuité et forment une série d'anneaux où chaque anneau peut être considéré comme le premier et le dernier, comme le commencement et la fin de la chaîne immense.

Il y a dans ces propositions unies entre elles par un lien très-artificiel un singulier mélange de faits scientifiques exactement observés, d'inductions plus ou moins hypothétiques, mais vraisemblables, et de vues complétement arbitraires qui seraient, j'en suis assuré, condamnées au tribunal de la science positive. C'est un fait hors de doute, que la force est indestructible, et que quand elle cesse de se manifester sur un point ou sous une forme, c'est qu'elle se manifeste ou sur un autre point ou sous une autre forme, produisant une somme d'effets toujours égale à elle-même. De même, bien qu'avec une certitude moins positive, il n'est guère contestable que des derniers travaux de la physique, de ses découvertes les plus récentes et les plus significatives, d'une quantité considérable de faits analysés et constatés, se dégage une conception qui renouvelle l'idée de la nature : l'unité des forces physiques. Tout récemment l'ensemble de ces idées a été exposé, dans la suite logique et la valeur comparative des faits et des inductions, avec une mesure et une circonspection où l'on pouvait reconnaître les plus saines habitudes de la méthode expérimentale, mais en même temps avec une hardiesse qui a fait sensation [1]. Dans cet ordre nouveau d'idées, toutes les forces de la nature se ramèneraient au même principe et se transformeraient l'une dans l'autre suivant des règles fixes qui ne seraient autres que celles de la mécanique. La chaleur, la lumière, l'électricité, le magnétisme, ne seraient que

---

[1]. *La Physique moderne, Essai sur l'unité des phénomènes naturels*, d'après Boucheporn, Angelo Secchi, Matteucci, Tyndall, etc., etc., par M. Saigey.

divers modes de mouvement. On comprendrait dès lors sans peine pourquoi la chaleur se transforme en électricité, l'électricité en lumière. Ce ne seraient là que les modifications multiples du mouvement initial. La force de gravité, la force de cohésion, se réduiraient elles-mêmes au même principe, l'une qui fait tomber une pierre, l'autre qui maintient un corps à l'état solide. La chute de la pierre et la solidité du corps ne seraient dues également, dans cette hypothèse, qu'aux mouvements du milieu ambiant. Dans le mouvement nous tenons le principe commun et générateur de tous les phénomènes. Le mouvement devient ainsi dans la physique moderne ce qu'il était dans la philosophie ancienne, le père du monde[1]. Seulement la conception moderne se distingue de l'hypothèse antique en ce qu'elle emprunte sa valeur à celle de la méthode expérimentale, c'est-à-dire à la multitude de faits analysés et comparés dont elle est sortie. Bien que cette

---

1. *Ibid., passim.*

théorie, comme on le déclare expressément, soit encore hypothétique dès que l'on sort des faits nouvellement révélés par l'étude de la chaleur, acceptons-la comme exacte dans sa généralité. Supposons qu'elle soit aussi incontestable dans toutes ses parties qu'elle l'est dans quelques-unes, qu'en peut-on légitimement conclure dans la question qui nous occupe ? Je sais bien que les matérialistes font déjà les plus grands efforts pour tirer à eux cette théorie et pour appuyer sur cette base leur système toujours menacé et toujours renaissant. Il y a plus de dix ans, dès 1857, M. Büchner s'autorisait des travaux d'Helmholtz (*Sur l'action réciproque des forces de la nature*), de Grove (*La corrélation des forces physiques*), de Faraday (*Sur la conservation de la force*), pour avancer cette hypothèse qu'il n'existe peut-être qu'une seule *force première, qui est éternelle*, et que les forces isolées qui nous sont connues ne sont que différentes manifestations et différents états de cette force première, dont elles se séparent tantôt sous une forme, tantôt sous une autre, mais présentant toujours la même valeur, et à laquelle elles finissent toujours par revenir[1]. Il résumait les rapports aperçus entre cette théorie nouvelle et le matérialisme par cette expression choisie non sans dessein : *immortalité de la force*, parce qu'elle constituait à ses yeux le corrélatif le plus favorable de *l'immortalité de la matière* et qu'elle laissait entrevoir, disait-il, la signification non-seulement physique, mais aussi philosophique de cette nouvelle vérité naturelle. — Les espérances de M. Büchner sont-elles fondées ? En quoi l'unité des forces physiques, à supposer qu'elle soit hors de toute contestation, est-elle plus conforme à l'hypothèse matérialiste qu'à l'hypothèse d'un principe créateur ? En vérité je ne puis le comprendre.

Ne soyons pas dupes du mot *force*, qui fait si aisément illusion dans les esprits. Sans doute il arrive que quelques matérialistes reconnaissent de bonne grâce que ce mot ne

---

1. *Science et Nature*, par Louis Büchner, t. Ier, p. 64.

représente qu'une abstraction. Mais trop souvent ils semblent oublier cet important aveu, et quand ils parlent de *l'unité de la force*, de *l'immortalité de la force*, de l'impossibilité de concevoir que la force puisse être détruite et qu'elle ait pu être créée, on dirait qu'il s'agit pour eux de quelque principe d'action d'une nature toute particulière, ou tout au moins d'une propriété essentielle et constitutive, inhérente et coéternelle à la matière. Or, si l'on s'en tient rigoureusement aux données expérimentales, la force n'est rien de semblable. Elle ne représente d'une manière claire qu'une série de mouvements produits par des mouvements précédents, se transformant et se continuant dans une série de mouvements ultérieurs. En dehors de cette idée, il n'y a rien que des rêves, un pur roman métaphysique. Le mot force doit être considéré comme l'expression elliptique d'une classe déterminée d'effets. Nous pouvons dire aux matérialistes : vous n'avez le droit de parler des forces qu'au point de vue des effets que ces forces supposées produisent. Estimez telle force en la comparant à un poids, je vous comprendrai; appréciez-la en lui donnant un équivalent numérique en kilogrammes. Estimez le *travail de la force* en le mesurant par l'élévation d'un poids ; traduisez ce travail en kilogrammètres, je vous comprendrai encore. Mais en dehors de ces données positives, tout ce que vous avancerez sur l'existence de la force, sur son origine, sur son éternité, sur son inhérence essentielle à la matière, c'est de l'*à priori* pur. La science expérimentale ne saisit que des transformations d'effets, elle n'arrive pas jusqu'à la force elle-même; elle ne se sert de ce mot que comme d'une abréviation commode. Voilà ce qu'il faut bien comprendre.

J'entre dans une usine, je constate une première force, celle qui réside dans le charbon, s'en dégage par la combustion et produit certains changements dans l'état physique de l'eau contenue dans la chaudière. Voici une seconde force, c'est la vapeur avec une puissance déterminée d'expansion. Voici une troisième force, c'est le mouvement du piston que soulève la vapeur. En voici une quatrième, c'est la roue que fait mouvoir le piston, puis l'engrenage que fait marcher la roue, puis ce dernier résultat de toutes ces forces appelées à y collaborer, un morceau de fer laminé. De telle sorte que par une succession et génération de forces, avec du charbon vous produisez une feuille de tôle. Vous pouvez suivre, dans cet exemple familier, les transformations diverses du mouvement, la suite des phénomènes mécaniques s'accomplissant dans un ordre prévu. Mais où est la force ? La saisissez-vous quelque part ? Réside-t-elle dans le morceau de charbon que je brûle ? Non, il y a dans ce morceau de charbon de la force emmagasinée. Mais qu'est ce que cette force ? Encore du travail mécanique, une certaine somme de chaleur, que je rapporte à sa source, soit au principe apparent de toute chaleur sur notre globe, le soleil. Mais la force initiale réside-t-elle au moins dans le soleil comme dans sa vraie source et son vrai principe ? Non, ce n'est qu'une source dérivée et un principe relatif à nous et à notre système solaire. Le soleil n'est lui-même qu'un immense foyer incandescent. A mesure que nous remontons d'anneaux en anneaux la chaîne des phénomènes mécaniques, nous nous apercevons que le principe de ces phénomènes recule toujours et fuit devant nous. Nous sommes partout dans les effets de la force, à aucun instant nous ne sommes dans la force elle-même. Nous ne saisissons que du mouvement et des transformations de mouvement. Mais en tout cela où prenons-nous le droit de rien affirmer sur le principe même du mouvement, sur son inhérence essentielle à la matière, sur son immortalité? L'auteur des remarquables études que nous avons citées sur l'*Unité des phénomènes naturels* est aussi explicite que possible sur ce point qui touche de si près aux origines scientifiques du matérialisme. Il résulte de ses déclarations expresses que, dans le langage précis de la physique et de la mécanique, une force n'est pas à proprement parler un attribut, une propriété, un principe de la matière. Scientifiquement, toute cause de mouvement n'est que le mouvement précédent, ce qui fait qu'un certain mouvement donne lieu à un autre mouvement, voilà la définition positive de la force, il n'en est pas d'autre pour le physicien. La seule différence entre les forces connues de la matière et celles qui ne le sont pas encore serait que dans certains cas un mouvement nous apparaît clairement comme la continuation ou la transformation d'un autre mouvement, tandis que dans d'autres cas la loi de transformation n'est pas fixée, l'équivalence des mouvements n'est pas déterminée, ce que l'on exprime en disant que l'origine de ces mouvements nous demeure cachée ou bien encore que certaines forces restent indéterminées.

Au sommet le plus élevé des sciences de la nature apparaissent ces deux éléments qui sont les derniers auxquels puisse remonter l'investigation scientifique : le mouvement et la matière. Mais M. Moleschott et ses disciples sont-ils en mesure de démontrer que la matière soit douée de produire d'elle-même le mouvement? En aucune manière. Ils l'ont toujours affirmé, d'après ce seul fait que la matière, dans le monde actuel, se présente toujours sous la condition du mouvement. Cela suffit-il pour résoudre la question d'origine et pour soutenir que la matière éternelle se soit mise de toute éternité et d'elle-même en mouvement? On voit combien il faut franchir d'intermédiaires pour arriver à une conclusion pareille. Et cependant si la matière n'est pas un vain mot et ne se dissipe pas à l'analyse en une abstraction insaisissable, j'ose soutenir qu'elle offre une idée inintelligible à l'esprit, tant que l'on n'y fait pas entrer une propriété toute contraire à celle du mouvement, l'inertie. Cette propriété, la science est obligée d'en tenir compte dans tous ses calculs mécaniques. « L'inertie, nous disent les physiciens, est le résultat principal de l'expérience et le fondement de la mécanique. La matière n'entre en mouvement que quand elle est sollicitée du dehors, elle ne perd son mouvement qu'en le communiquant. La quantité de mouvement est immuable ; il ne s'en crée ni ne s'en détruit. » C'est ce qu'un des savants les plus illustres de ce temps-ci exprimait un jour dans son langage familier lorsque, pressé de questions sur l'essence de la matière, il se déclarait incompétent pour y répondre, ajoutant d'ailleurs que quelle que soit la matière dans son fond intime, la physique doit toujours la faire entrer dans ses calculs, ne fût-ce que *comme coefficient d'inertie*. Cette propriété de la matière, résultat principal de l'expérience, base de tous les calculs de la physique et de la mécanique, est-elle favorable aux hypothèses du matérialisme? n'est-elle pas au contraire en opposition presque manifeste avec l'idée que l'on soutient d'une prétendue propriété que posséderait la matière de se mouvoir? S'il est scientifiquement établi que la matière n'entre en mouvement que quand elle est sollicitée, qu'elle ne perd son mouvement qu'en le communiquant, ne semble-t-il pas plus analogue à l'esprit de la méthode expérimentale d'en conclure que le mouvement a été communiqué à la matière, qu'il lui a été imprimé du dehors? Des phénomènes de mouvement produits et transmis dans une matière inerte, voilà tout ce que nous saisissons d'intelligible à l'origine de toute science physique et naturelle. Quel qu'il soit et de quelque source qu'il provienne, il reste constant que c'est ce mouvement initial qui est la vraie force, l'unique force déployée sous des formes si multiples, dans l'infiniment grand et dans l'infiniment petit des mondes.

J'admets volontiers que toutes les séries de mouvements si variées qu'on appelle ordinairement les forces physiques, se ramènent par l'analyse expérimentale à un principe unique, le mouvement. Cette nouvelle conception de la nature n'est pas faite pour affaiblir dans nos âmes le sentiment que fait naître en elles la contemplation de l'univers. Je ne sache rien de plus grand à concevoir, à l'origine des phénomènes cosmiques, que cette unité de cause, le mouvement, déployée dans une variété infinie d'effets. Reste à savoir quel est le principe du mouvement. Tout est là. Ce n'est pas l'expérience qui peut résoudre un pareil problème. Tout ce qu'elle peut et doit exiger, c'est que les raisonnements métaphysiques ne soient pas contraires à ces données et à ces faits. Or je ne saurais comprendre en quoi cette conception de l'unité des forces physiques serait en opposition avec l'idée que nous nous faisons d'un principe créateur, moteur et organisateur de la matière. La métaphysique ne serait-elle pas, au contraire, autorisée à dire au nom des progrès les plus récents des sciences positives, qu'elle y trouve cette double base où s'appuie sa démonstration la plus connue : une matière inerte, un mouvement communiqué ?

Donc rien ne prouve expérimentalement que la matière entre d'elle-même en mouvement; la question de l'origine de la force reste expressément réservée. Après qu'on aura suivi toutes les transformations possibles des phénomènes de chaleur, de travail, de lumière, d'électricité, de magnétisme, après qu'on les aura tous réduits à n'être que des modifications multiples du mouvement, transmissibles et transformables les unes dans les autres selon les lois de la mécanique, il restera toujours à se demander d'où vient le mouvement lui-même. — Il restera pareillement à se demander si les formes du mouvement seront toujours ce qu'elles sont actuellement, si le travail de la nature restera, dans un avenir infini, identique à lui-même. Grave question que l'impatience du matérialisme n'hésite pas à trancher, comme l'indique suffisamment le titre même de l'ouvrage de M. Moleschott, *le Cours circulaire de la vie*. C'est une des idées les plus familières à l'école matérialiste, qu'il n'y a point de repos dans la nature, que rien ne naît et ne disparaît, que rien ne commence et ne finit, mais que tout recommence sans cesse et que le drame de la vie universelle se répète éternellement. Immutabilité de la matière, de sa masse et de ses propriétés, affinité réciproque de ses éléments, mouvement de ces éléments par suite de leurs affinités, combinaison et séparation, absorption et élimination, voilà les principes de toute activité sur la terre. L'échange continuel de la matière, en voilà le résultat. La circulation éternelle de la matière est l'âme du monde[1].

1. *La Circulation de la vie*, par M. Moleschott, t. Ier, p. 27 et *passim*.

Ici encore les données immédiates de la science expérimentale ne me semblent pas autoriser de pareilles inductions. Aucun fait positif n'établit l'éternité du mouvement sous sa forme actuelle et la nécessité du cours circulaire de la vie. Il semble hors de doute que tant que le monde subsistera la quantité de mouvement doit être immuable, mais il est parfaitement loisible de supposer que cette quantité immuable de mouvement pourra persister sous mille formes qui ne sont pas la forme actuelle, le mouvement apparent et la vie. Je ne crois pas forcer les inductions que l'on peut tirer de quelques travaux récents de la physique, en disant qu'ils établissent une certaine tendance générale des forces au repos relatif ou apparent[1] : ce qui serait évidemment contraire au principe de la circulation de la vie à l'infini.

Voici une hypothèse que l'on peut se former sur l'état du monde dans un avenir indéterminé, d'après des données scienti-

---

1. Voir la note *B* à la fin du volume.

fiques que je voudrais ne pas interpréter trop librement, mais qui sont à coup sûr en opposition manifeste avec la conception matérialiste sur l'éternelle répétition du cours actuel des choses. Nous nous plaçons dans les données les plus rigoureuses de la science. Nous admettons que rien ne se perd, que rien ne se crée, que tout phénomène naturel est celui d'une matière en mouvement, que cette matière en mouvement produit une quantité de travail déterminée, que toutes ces quantités de travail sont transformables entre elles, c'est-à-dire, quelle qu'en soit la nature, réductibles à la même unité. De même qu'aucun atome ne s'anéantit, aucune quantité de travail ne se perd ; là où le mouvement semble s'arrêter, c'est qu'il se transforme. Il n'y a que des transformations déterminables soit par la loi des équivalents chimiques qui président aux modifications atomiques dans la constitution de chaque corps, soit par la loi des équivalents mécaniques qui président à toutes ces séries de mouvements plus spécialement étudiés par la physique, telles que la chaleur, la lumière, le son, l'électricité, le magnétisme, et aux conversions réciproques de ces phénomènes. Mais dans cette diversité infinie de phénomènes, les uns constituent ce que je pourrais appeler l'ordre extérieur, la série des phénomènes qui frappent directement nos sens; les autres n'ont de rapport qu'à la structure intime de la matière. Or de très-savants physiciens, en cherchant la marche naturelle des choses, inclinent à penser que les phénomènes de la première catégorie, l'ensemble du travail mécanique de la nature, tendent à se convertir dans les phénomènes de la seconde catégorie, le travail atomique.

Si cela était, le mouvement de la nature ne s'arrêterait pas pour cela; il changerait seulement de forme et d'aspect. Une bille lancée sur un tapis de billard s'arrête à un certain moment de sa course. Il n'y a plus rien de sensible au dehors et pour nos sens. Et cependant la science démontre facilement qu'il y a eu, au moment de l'arrêt de la bille, modification dans la structure atomique de la bille, de l'air ambiant, du tapis sur lequel elle a roulé, et que ces modifications subsistent si rien ne vient les suspendre ou les transformer ; mais elles sont tout intimes, insaisissables à nos sens. Quelque chose de tout à fait analogue se passe dans les usines. Il y a là une somme considérable de *travail perdu*, qui au lieu de concourir au résultat pratique et tangible se perd dans les résistances des milieux et les frottements des engrenages, sans que l'œil de l'observateur puisse percevoir l'action de cette force devenue inutile. Supposez que tout le travail finisse par se perdre ainsi dans la résistance des milieux. Voilà des images grossières de ce qu'il est permis de concevoir sur l'état possible du monde dans un temps indéterminé. Placez-vous au point de vue de cette induction qui n'a rien d'antiscientifique. Admettez cette tendance générale des forces physiques à se résumer dans des phénomènes de travail atomique. Cette hypothèse n'est en rien contraire au principe que rien ne se perd et que la quantité de mouvement reste immuable. En ce cas, il se produirait dans la nature un travail intérieur aussi énergique, aussi intense qu'à l'époque la plus animée de son histoire; mais tout ce travail se réduirait à celui des actions moléculaires qui s'exercent dans l'intérieur des corps. Il n'y aurait plus de variation apparente ni de transformation mécanique des phénomènes. Ce serait le travail immobilisé, le repos apparent. Soit une quantité a quelconque représentant des milliards de kilogrammètres, équivalent numérique du travail total de la nature. Supposez qu'aucune partie de ce travail ne soit perdue, mais que la somme entière se dépense à maintenir la multitude des molécules dans un état d'équilibre stable. Ce sera le mouvement encore, mais non plus le mouvement apparent; ce sera le mouvement au repos, l'ensevelissement des phénomènes dans une sorte de vie morte. La nature aura entièrement passé de l'état dynamique à l'état statique. L'activité latente subsistera seule. Ce sera un autre univers, je ne sais quel immense tombeau où dormiront les formes glacées des êtres, les germes de la vie éteinte, le cadavre d'un monde immobile au sein des ténèbres infinies.

Hypothèse, soit, mais non entièrement arbitraire. Je me persuade que plus d'un savant n'y trouverait aucune incompatibilité avec les données de la science positive. Elle semble même ressortir avec un certain degré de probabilité de quelques inductions de la physique moderne. Suivons maintenant d'un coup d'œil les conséquences philosophiques d'une pareille hypothèse. S'il était vrai que par elle-même, abandonnée à sa propre impulsion, la nature tendît à l'état de repos apparent et dût y arriver fatalement un jour, nous pourrions en tirer des inductions très-conformes aux conclusions de la métaphysique et tout à fait contraires au matérialisme. En effet comment pourrions-nous supposer que la matière se fût donné à elle-même l'état de vie ordonnée, d'*ordre dans la vie*, où nous la voyons aujourd'hui, si sa tendance propre, conforme à son essence, était très-nettement marquée vers un état stationnaire, évidemment inférieur, au point de vue esthétique et rationnel, à l'état actuel? Il deviendrait donc infiniment probable que ces lois qui régissent l'univers ont été établies par une cause intelligente, avec un développement harmonieux et varié de manifestations dynamiques, avec un ordre prévu d'états successifs qui ont formé l'histoire et la figure du monde. Ce serait là au moins une induction très-raisonnable. — Une autre induction pourrait être tirée des considérations de cet ordre contre le prétendu principe du cours circulaire de la vie. Dans l'hypothèse que nous avons esquissée, le mouvement ne s'arrêtera pas, en ce sens que le mouvement subsiste même quand il est à l'état atomique, mais la vie s'arrêtera. Dès lors il ne faut plus considérer l'ordre éternel des choses comme un cours circulaire, ainsi que l'imagine l'école matérialiste, c'est-à-dire un retour périodique des forces au point de départ, un *recommencement* sans fin d'effets analogues liés ensemble dans une chaîne d'actions et de réactions réciproques. Il faut au contraire concevoir une marche rectiligne de la nature (le contraire de la marche circulaire que l'on suppose gratuitement), amenant la décroissance perpétuelle des mouvements apparents sur la terre, des phénomènes dynamiques de tout genre, de la vie organique et même du mouvement des corps astronomiques. Une conception pareille ouvrirait des horizons nouveaux et sur l'origine et sur l'avenir du monde.

J'ai voulu montrer par un exemple à quel point l'école matérialiste est téméraire lorsqu'elle explique et commente à son profit les découvertes les plus récentes de la science positive, et en particulier les considérations nouvelles sur les forces, puisque dans cet ordre de considérations des hypothèses aussi opposées entre elles peuvent trouver leur principe et marquer leur place. Nous pourrions sur toutes les thèses de M. Moleschott engager le même débat, opposer à toutes ses assertions si dogmatiques et si tranchantes une fin de non-recevoir au nom de la méthode expérimentale dont le matérialisme compromet si légèrement l'autorité. Nous aurions aimé à parcourir cette suite de propositions qui du sommet de la doctrine, du haut des principes de l'éternité de la matière et de l'immortalité de la force, s'abaissent progressivement et descendent jusqu'au dernier détail de la vie organique. Nous aurions discuté, au point de vue purement expérimental, les aphorismes célèbres de l'école sur la toute-puissance créatrice, qui est l'affinité de la matière, sur le pouvoir que possède la matière inorganique de s'organiser et de se transformer, d'après des lois fixes, immuables, qui lui sont inhérentes, sur l'explication de la vie par un double mouvement d'assimilation et de désassimilation au sein d'un élément anatomique microscopique, sur l'application de la loi d'*équivalence* des forces physiques aux forces *mentales* et aux forces *sociales*. Je crois que la philosophie spiritualiste est en mesure de démontrer que sur tous ces points il y a disproportion choquante entre les faits péniblement amassés par les matérialistes et les inductions qu'ils en ont tirées. Ce qui frappe tout esprit modéré à la lecture des ouvrages où s'expose le matérialisme contemporain, c'est, malgré des prétentions très-scientifiques, une disposition peu favorable à la science, un empressement de mauvais augure à tirer immédiatement les dernières conclusions philosophiques d'un ordre de faits dont la plupart sont nouveaux et dont l'étude se poursuivra longtemps encore. Cela me met en garde contre un zèle si marqué et me donne à réfléchir sur les conditions intellectuelles que crée l'esprit systématique, ce mortel ennemi de l'esprit expérimental. Je soupçonne que ces faits nouveaux n'intéressent les savants de cette école que dans l'exacte mesure de la conformité espérée ou pressentie entre ces faits et une doctrine arrêtée d'avance. Dès lors je crains bien qu'ils n'apportent pas dans l'examen et l'interprétation de ces faits toute l'impartialité et le sang-froid désirables. Cette crainte et ce soupçon se confirment en moi quand je les vois se précipiter vers les dernières conclusions à travers tant d'obstacles éludés, tant d'intermédiaires franchis, tant de lacunes dont on ne veut tenir aucun compte. Leur joie éclate imprudemment dès qu'ils croient entrevoir la « signification non-seulement physique, mais philosophique de quelque vérité nouvelle. »

On peut citer comme exemple saisissant de cette disposition d'esprit les écrits de M. Louis Büchner réunis sous le titre de *Science et Nature*, qui portent à un si haut degré le caractère du parti pris et du système. Sur tous les sujets où se disperse en apparence la curiosité mobile de son esprit, il semble chercher bien moins une lumière pour la science désintéressée que des arguments pour son système. Qu'il s'agisse des travaux de Helmholtz, Grove ou Faraday sur l'action réciproque et la corrélation des forces physiques, ou des inductions de M. Agassiz sur la répartition géographique des animaux, sur les types, sur l'immutabilité des espèces, des hypothèses de Hudson Tuttle sur l'échelle de gradation organique depuis les temps primitifs, ou des révélations de M. Paul de Chaillu sur le gorille, sur tous ces points son siége est fait. Chacune de ces études si variées d'aspect et de titre, est d'une désespérante monotonie. Elle se réduit invariablement à un exposé rapide de l'état de telle ou telle question de physique et d'histoire naturelle et à une conclusion uniforme sur la conformité des résultats scientifiques les plus avancés avec le matérialisme. Ce n'est pas là un trait particulier à cet ouvrage et à son auteur. Nous ne l'avons cité que pour le généraliser. Dans ses innombrables manifestes, sous les formes les plus sérieuses ou les plus légères, partout où cette école philosophique prend la parole ou la plume, c'est avec l'idée fixe de réduire tous les faits scientifiques à n'être plus que l'expression variée du même dogme. On dirait que la science, qui devrait être tout dans l'ordre des vérités expérimentales, n'est plus ici qu'un instrument, un moyen. Le matérialisme en est le but, je dirais la cause finale si ce mot n'était proscrit. Malgré les protestations les plus solennelles en l'honneur de la méthode positive, dans toutes les publications de la nouvelle école le dogmatisme coule à pleins bords.

C'est que par la nature même des questions qu'il traite, le matérialisme est condamné à sortir à chaque instant de la science positive et à spéculer, à ses risques et périls, dans le sens déterminé de ses idées préconçues. C'est le résultat qui ressort, nous l'espérons, avec évidence de cette étude. La double erreur du matérialisme consiste à croire qu'il procède expérimentalement, quand il procède *à priori*, et à s'imaginer qu'il anéantit la métaphysique quand il n'est lui-même qu'une métaphysique négative. Les questions d'origine, les problèmes concernant les causes premières, qu'il s'agisse de les établir ou de les nier, ont un caractère de transcendance que ne leur enlèveront jamais ni tous les artifices de la dialectique la plus subtile, ni tous les progrès possibles des sciences. Dès qu'on arrive à cette limite supérieure de la connaissance positive, l'observation, la perception des sens deviennent impuissantes. Cette impuissance se redouble par l'impossibilité absolue du contrôle et de la vérification expérimentale. Or, là où la perception des sens aidés par la précision de nos instruments s'arrête, là où le calcul même n'a plus pour critérium la vérification des expériences, c'est le domaine de la spéculation pure. Nous avons beau étendre en arrière nos inductions, nous avons beau les enfler de la substance amplifiée des faits que la science recueille à la surface du monde actuel, nous n'atteindrons jamais ni au cœur ni à la racine des choses. Le commencement des choses ou l'absence de tout commencement, (si en effet il n'y en a pas eu), tout cela restera éternellement hors des prises de la science expérimentale, et le mot de M. Stuart Mill demeure immortellement vrai : « Les lois de la nature ne peuvent rendre compte de leur propre origine. » C'est ici que se marque la place de la métaphysique. Elle commence précisément où finit la physique. Son devoir rigoureux est de s'appuyer sur les inductions de la science positive, et de n'avancer aucune proposition qui soit contraire à ces données; mais elle a le droit d'aller plus loin. Elle a ses procédés à part, ses méthodes propres de démonstration, son genre de certitude. C'est une autre région qui s'étend à l'infini, un monde qui a ses conditions spéciales et sa lumière propre. Assurément s'il y a quelque chose en dehors du monde des phénomènes réglés de la matière, s'il y a un mystérieux au delà, ce n'est pas l'expérience positive même avec ses instruments de précision qui peut y pénétrer. C'est la raison seule avec ces deux instruments d'une portée infinie, l'*intuition* qui est la perception des choses invisibles, et la *logique* qui n'est que la raison appliquée et développée, la raison en acte.

CHAPITRE IX.

Résumé et conclusion. — Conciliation possible entre les sciences positives et la métaphysique. — Conditions et lois de cet accord.

Au terme de cette étude, rappelons en quelques mots comment l'école expérimentale, celle des vrais savants qui ne prétendent qu'à être des savants, définit sa situation vis-à-vis de la métaphysique. « Je ne m'occupe, nous dit-elle, que de cette partie de la réalité où pénètre l'observation des sens aidée par les instruments qui en étendent la portée, réglée par le calcul qui en précise les résultats. Ce qui est en dehors n'est plus de mon ressort. Plus loin peut-être s'étendent des régions infinies; mais ce sont d'autres clartés, d'autres climats pour la pensée, d'autres cieux pour la vérité. Cet aspect nouveau des choses, ces régions pour moi indéterminables, c'est le domaine de la spéculation métaphysique ou celui de la conscience individuelle. Je n'affirme rien, je ne nie rien sur la nature des faits ou des réalités que je ne mesure pas, que je ne pèse pas, dont je ne puis pas déterminer numériquement les lois. Il y a cependant un fait que je constate, c'est que sur tous les points de la vaste circonférence où se meut la science positive, elle rencontre une multitude de *causes sourdes* qui ne répondent plus aux questions de l'expérimentateur et devant lesquelles il est tenu de s'arrêter, sans avoir la raison dernière des choses. Il faut donc bien reconnaître au moins que la raison dernière, si elle existe, est au-delà. Dire ce qu'elle est, je ne le puis ; la chercher même, cela n'est ni de ma compétence ni de mon droit. »

Quant à l'école positiviste, qui à certains égards ressemble fort à l'école expérimentale et qui aimerait à confondre ses destinées avec les siennes, elle en diffère par un trait essentiel : comme l'école expérimentale, elle déclare que les causes premières sont placées hors des prises de la science positive, en quoi elle ne se trompe pas ; mais elle va plus loin, elle les déclare inaccessibles à la raison elle-même, et ici elle excède son droit. Tout ce qui est en dehors de la science positive, dit-elle, est par là même en dehors de l'esprit humain. — A poser une pareille assertion, il y a une prétention exorbitante ; mais enfin, tant que le positivisme reste fidèle à ce principe, content de détruire l'ancien dogmatisme sans avoir la prétention de le remplacer, on peut dire qu'il mutile la raison, on ne peut pas l'accuser de violer la logique. Au moins il ne se contredit pas lui-même. Il n'a tort qu'une fois, si je puis dire : dans ce qu'il nie, non dans ce qu'il affirme. Il a tort contre la métaphysique, non contre ses propres principes.

Mais nous nous sommes trouvé en face d'une bien autre prétention. On est venu nous dire : « La science positive, suivie jusque dans ses dernières conséquences, ne condamne pas seulement la métaphysique, elle permet de la remplacer. Sur les données certaines qu'elle fournit, elle fonde un dogmatisme qui répond catégoriquement à toutes les questions concernant les causes premières. Elle ne supprime pas ces problèmes, elle ne les ajourne même pas, elle les résout. Pour cela, elle ne fait qu'étendre et prolonger les clartés de la méthode positive au-delà des limites où cette méthode se confine, jusque dans cet amas d'ombres malsaines où se sont réfugiées les vieilles idoles de la métaphysique, causes, absolu, infini. Au fond, il n'y a qu'une science, parce qu'il n'y a qu'une méthode, la même pour tous les ordres de connaissances, qui toutes se ramènent à des faits physiques, liés entre eux. Cette science et cette méthode atteignent aussi sûrement la raison dernière ou première des choses qu'elles saisissent la dépendance des phénomènes. La métaphysique, vue dans sa réalité, n'est rien que la physique ramenée à ses premiers éléments, matière, force, mouvement. »

On jugera peut-être que nous sommes en droit de conclure, maintenant que nous avons décrit les situations diverses prises par les savants à l'égard de la métaphysique, et que nous avons montré la double illusion des positivistes qui veulent exclure les problèmes métaphysiques et des matérialistes qui prétendent les trancher. Non, il n'est pas vrai que le divorce soit à jamais accompli entre l'esprit de la vraie métaphysique et l'esprit de la vraie science. Il y a une conciliation, honorable de part et d'autre, qui peut et doit s'établir entre ces deux ordres de connaissances et ceux qui les représentent. En faisant de justes concessions à l'école expérimentale, l'école des savants désintéressés de toute opinion préconçue et libres de tout parti pris, on arriverait à désarmer bien des défiances et des susceptibilités légitimes.

Dût cet accord n'être qu'une belle chimère, voici comment je le conçois.

La métaphysique a des devoirs rigoureux envers les sciences positives. Il faut qu'elle les observe fidèlement, si elle veut faire tourner à son profit la décisive épreuve qu'elle subit en ce moment. La première condition me paraît être qu'elle ne prenne aucun ombrage des sciences positives, de leurs progrès, de leurs conquêtes. Une vérité n'a rien à craindre d'une autre vérité. Si nous avons la vérité, que redoutons-nous ? Si l'accord ne se montre pas immédiatement entre une théorie scientifique et une théorie philosophique, il se fera plus tard, n'en doutez pas, par le moyen de quelque théorie supérieure qui les réunira et fera disparaître dans une harmonie plus haute leur apparente contradiction. Si l'accord ne peut absolument pas se faire, il en faut bien conclure que notre doctrine est incomplète, ou que le théorème scientifique est faux par quelque côté. C'est un avertissement qu'il faut élargir et compléter l'une, vérifier l'autre et le soumettre à un nouveau contrôle. Reconnaissons donc les sciences positives dans la pleine liberté de leurs méthodes, acceptons leurs résultats sans mesquines chicanes, quand même ces résultats dérangeraient quelques-unes des conceptions idéales de notre esprit.

Mais il importe ici de distinguer avec soin deux choses que l'opinion frivole confond trop souvent : les faits et les conclusions que certains esprits impatients en tirent à la hâte, confondant ainsi et mêlant avec une dangereuse habileté les vérités scientifiques avec leurs conjectures personnelles. Les faits, quand ils sont bien observés, bien démontrés, quand ils ont acquis tous leurs titres de légalité scientifique, empressons-nous de les enregistrer, d'en accroître le trésor de nos connaissances, tenons-les en grande considération, comme un fragment de la vérité absolue, et gardons-nous bien d'y laisser porter la plus légère atteinte par une prévention systématique; mais gardons-nous avec un soin égal de confondre dans le même respect d'une part les faits, d'autre part les hypothèses ou explications provisoires par lesquelles on prétend en rendre compte, et surtout les inductions que l'on s'empresse d'en faire sortir. Le tact scientifique consiste précisément à faire ce triage. Ces hypothèses souvent imprudentes, ces inductions hâtives, cette philosophie prématurée que l'on veut construire à tout prix sur la base encore incertaine ou trop étroite de certains faits, les vrais savants les rejettent. Ceux qui les recherchent et les poursuivent, avec une joie qui trahit leur secret dessein, pour la plus grande confusion de la métaphysique, ce sont ces esprits aventureux que la science sérieuse n'avoue pas et qui la compromettent. Si la métaphysique a, comme on l'assure, ses retardataires obstinés, ses vieillards d'idées, que les vérités nouvelles effrayent, la science, on le sait, a ses enfants terribles.

Cette distinction essentielle devrait mettre d'accord tous les esprits raisonnables. Accepter loyalement tous les faits découverts par la science positive sans en altérer le caractère, sans en restreindre la vraie portée, c'est notre strict devoir; mais aussi ne pas souffrir qu'une philosophie d'aventure s'empare de quelques faits encore incertains et incomplétement observés ou de quelques autres d'une signification très-restreinte, pour les tourner contre nous et en accabler nos doctrines, c'est notre droit aussi, et nous le maintiendrons. On accuse souvent les philosophes de prendre parti dans les querelles qui viennent à s'agiter entre les savants et d'introduire subrepticement la métaphysique dans des questions où elle n'a que faire. S'il y a des philosophes qui ont mêlé des considérations ou des passions de cet ordre à des débats purement scientifiques, ils ont failli à la première règle de la méthode de Descartes. Philosopher hors de propos, troubler de débats intempestifs le domaine où se poursuit l'expérimentation, c'est faire supposer qu'on n'est pas un pur cartésien, c'est-à-dire disposé à n'admettre pour vrai que ce qui paraîtra évidemment tel, c'est faire croire qu'on fuit devant la lumière; mais de bonne foi qu'on nous accorde que l'exemple a été souvent donné par quelques-uns de ceux-là mêmes qui nous accusent aujourd'hui. Qu'on se rappelle certains débats récents, encore présents à toutes les mémoires. On s'est beaucoup moqué des naïfs de la métaphysique qui se sont imaginé qu'elle était engagée dans telle ou telle querelle célèbre et qui ont voulu y prendre part; mais est-il bien sûr que quelques savants trop impatients n'avaient pas engagé le débat sur ce terrain maladroitement choisi ? N'était-ce pas encore mêler la métaphysique aux problèmes scientifiques, que de tirer des conclusions contre elle d'expériences plus ou moins exactes, plus ou moins bien comprises, plus ou moins fidèlement interprétées ? N'avons-nous pas entendu dans les deux camps plus d'un cri de joie indiscret ? Des deux parts cela est souverainement regrettable. — Il ne faut pas qu'on puisse dire que nous avons peur des faits. Étudions-les sincèrement sans trop nous presser de leur imposer un sens métaphysique, sans les tirer violemment à nous du côté de nos doctrines. Laissons-les s'amasser avec ordre et s'organiser silencieusement dans l'ombre du laboratoire. N'essayons pas de leur faire dire plus qu'ils ne signifient, et surtout sachons bien reconnaître les grands services que la science positive rend à l'esprit humain en le débarrassant d'une foule d'hypothèses et de préjugés, et à la philosophie en lui ouvrant des perspectives nouvelles, chaque jour agrandies, sur la nature.

Si le philosophe ne doit pas intervenir indiscrètement dans les recherches du laboratoire pour les diriger ou les plier à son gré, il ne permettra pas non plus à la science positive de venir réglementer arbitrairement ses domaines, ce qu'elle fait d'ordinaire de la manière la plus simple du monde, en les supprimant. La question des limites est celle d'où dépendent la paix et le bon accord des deux sciences voisines. Ne pourrait-on pas déterminer ces limites en disant que la science positive va aussi loin que s'étend la réalité observable et sensible, et qu'elle s'arrête précisément là où l'expérience des sens ne pénètre pas? Son domaine, c'est la nature, si l'on restreint ce mot au sens spécial et limité que lui assignent d'ordinaire les savants, c'est-à-dire à cette partie de la réalité dont les propriétés se révèlent à notre esprit par l'intermédiaire de nos organes ou des instruments qui en étendent la portée et en régularisent l'emploi. Qui dit nature, en ce sens restreint, dit enchaînement nécessaire des faits sensibles, liés entre eux de telle façon que, l'un d'eux se produisant, l'autre se produit nécessairement, que, l'un variant, l'autre varie, l'un étant l'antécédent, l'autre le conséquent, l'un la condition d'existence et la cause immédiate, l'autre l'effet. Dans cette vaste région de l'expérience sensible, là où la nécessité physique, l'enchaînement des faits dans une série continue dont chaque terme appelle l'autre n'apparaît pas clairement à l'esprit, c'est que la science positive n'est pas encore faite sur ce point, mais d'avance on sait qu'elle y parviendra : on dit alors de cette partie de la réalité qu'elle est déterminable, sinon encore déterminée. On affirme, avec une certitude autorisée par la suite continue des progrès de la science positive, qu'elle comblera cette lacune où quelque idole de la fausse science, quelque cause occulte pourrait trouver encore asile, qu'elle parviendra un jour ou l'autre, un peu plus tôt ou un peu plus tard, à rétablir l'anneau qui manque dans ce réseau si fortement lié des phénomènes. C'est à cette notion du déterminisme, qui est la conception de la nature vue du côté scientifique et expérimental, que s'oppose la philosophie proprement dite. La recherche métaphysique commence dès que l'esprit s'élève au-dessus de cette partie de la réalité soumise à l'expérience sensible, qui se résout en une suite de mouvements déterminés les uns par les autres, formant comme la chaîne d'airain de la nécessité physique.

Elle embrasse cet ordre supérieur de faits et d'existences qui, n'étant plus observables par les sens, échappent non pas seulement aux prises actuelles, mais aux prises possibles du déterminisme scientifique. Cet ordre de réalités est placé en dehors de l'infini matériel de grandeur et de petitesse que nos instruments sont parvenus à saisir. Aucune expérimentation sensible ne pénétrera jamais dans cette sphère, qui ne s'ouvre qu'aux perceptions les plus délicates de l'intuition ou de la conscience. Sans doute, comme tout est lié dans l'ensemble des réalités contingentes, il y a encore des conditions d'existence pour les faits de cet ordre, faits intellectuels ou moraux. Ces conditions d'existence sont prises dans l'ordre des phénomènes vitaux qui dépendent eux-mêmes des phénomènes physico-chimiques; mais le rapport entre ces conditions d'existence et le phénomène intellectuel ou moral n'est plus déterminable avec rigueur, avec précision. Ici le réseau de fer se relâche et laisse passer entre ses mailles distendues des influences d'un tout autre ordre; les conditions physiques se combinent avec des conditions nouvelles qui déconcertent entièrement par leur combinaison les règles infaillibles du calcul. Déjà nous avons montré le déterminisme physiologique hésitant sur la question de la vie, les nobles incertitudes qui arrêtent sa marche sur ce point pour ainsi dire réservé, et même son retour, par des pentes secrètes, vers une doctrine qui n'est pas éloignée de la métaphysique. Dans le fait de la pensée, de la liberté morale et du devoir, se révèle de plus en plus l'affranchissement du principe immatériel de la spontanéité, auquel commence une région nouvelle de l'expérience, un ordre nouveau de faits observables, mais non sensibles, le monde moral, qui est comme une autre nature dans la nature, liée à la première par des rapports, mais non plus par des rapports de nécessité. La suite infaillible des phénomènes s'interrompt ici, les influences physiques rencontrent à cette limite une influence nouvelle, qui vient du fond de l'être lui-même, et qui, en se combinant avec les premières, arrête complétement les calculs de la science positive. L'œuvre propre du philosophe commence. Sans dédaigner aucun moyen de recherche, bien au contraire, en tenant compte de tous les résultats que lui livre la science positive dans les régions de l'expérience sensible, il essaye d'aller plus loin qu'elle ne va elle-même. Il étudie expérimentalement aussi, quoique avec des procédés moins rigoureux et des instruments moins précis, cette partie de la réalité qu'il porte en lui-même, cette portion de la nature qui est sa conscience, son âme; il recueille avec soin les clartés intérieures de sa pensée; il interroge les idées dont l'ensemble constitue sa raison, et qui, bien que formées à l'occasion de l'expérience, n'en sont point issues, puisqu'elles la dirigent, la soutiennent à chacun de ses pas, la jugent en dernier ressort. Avec la liberté, le monde moral commence et se déploie à ses yeux, et déjà, sur cette limite supérieure de l'expérience, le philosophe arrive, par d'irrésistibles inductions, à concevoir que cet ordre nouveau qui comprend tous les phénomènes supérieurs de la vie humaine, la responsabilité, la liberté, la dignité, ne peut pas être le produit des règnes inférieurs. L'idée de la spiritualité s'élève en lui et se confirme de plus en plus. C'est même le résultat le plus précieux de ses études. Il voit de l'œil de l'âme des réalités que l'œil de la chair n'aperçoit pas. Il s'assure de plus en plus que c'est non pas l'animal qui est notre être, mais l'esprit, que c'est de là que nous relevons, que ces phénomènes ne peuvent résulter de quelque équilibre mécanique, de quelque arrangement nouveau de molécules, de quelque composition extraordinaire de la matière, que s'il y a quelque rapport concevable entre l'électricité et l'étendue, il n'y en a aucun d'intelligible entre l'étendue et la pensée, non plus qu'entre l'étendue et le sentiment du devoir.

Il s'aperçoit lui-même dans le fond de son être, il saisit son existence intime sous ses vrais attributs, la simplicité absolue, l'indivisible unité, il observe les phénomènes qui la manifestent, il dégage les lois qui relient ces phénomènes entre eux en y établissant l'ordre sans y faire régner la nécessité. C'est la réflexion qui l'instruit de tout cela, et la réflexion c'est bien de l'expérience encore, mais l'expérience de l'esprit appliqué à l'esprit, se recueillant dans son essence, se ressaisissant lui-même ou de l'attrait du monde extérieur qui l'absorbe ou de la multiplicité des actes intérieurs qui le dispersent. Cette expérience ne comporte pas les procédés rigoureux et les règles du déterminisme scientifique, et toutes les fois qu'on a voulu les imposer de force à ces phénomènes délicats de l'âme, que la spontanéité toujours agissante dispute à chaque instant et ravit en partie à l'empire de la fatalité, on n'a pu aboutir qu'à bouleverser la nature sous prétexte de la soumettre tout entière, dans ses parties les plus diverses, à une seule règle, à une seule méthode. On a transporté arbitrairement la science positive dans une région où elle a été dépaysée, égarée. Les plus grands efforts sont venus se résoudre dans des constructions artificielles, pures créations de l'esprit systématique, ingénieuses et laborieuses machines, à qui il n'a manqué que le signe de la réalité, la vie.

Ce n'est pas seulement cette distinction des deux régions de l'expérience qui sépare la science positive et la philosophie. Elles diffèrent aussi par le point de vue d'où l'une et l'autre considèrent la nature. Ici encore il y aurait à tracer entre les deux sciences une limite idéale que nous ne pouvons qu'indiquer d'un trait rapide, mais dont la suppression ou le déplacement troublerait profondément l'ordre entier des connaissances humaines. La science positive n'étudie les phénomènes que pour y retrouver la suite nécessaire, l'enchaînement, la dépendance réciproque. Ce qui constitue son objet propre, c'est la recherche des conditions d'existence de chaque fait observable et sensible. Elle ne nie pas *à priori* les causes finales, mais elle ne s'en occupe qu'incidemment ; tout au plus elle constate, sur quelques points de son vaste domaine, l'évidence des marques de dessein et de plan qui se mêlent plus ou moins profondément au tissu mécanique de la réalité. Elle les constate, mais sans s'y arrêter, recherchant toujours la cause efficiente et satisfaite de sa recherche seulement quand elle est parvenue à ce point qui marque la dernière limite de son effort et de sa compétence, la dernière cause déterminable ou quelque *cause sourde* qui ne répond plus à ses questions. C'est assez dire qu'elle n'a rien à voir dans les questions d'origine. La nature de la méthode qu'elle emploie exclusivement lui interdit les problèmes de cet ordre, et, si la philosophie positive ne faisait que signifier à la science cette interdiction absolue, elle aurait mille fois raison. Le problème des origines comme celui des fins est contradictoire à l'idée qu'il faut se faire de la science positive. Nous avons essayé de prouver que la méthode expérimentale ne peut nous donner que l'actuel, le présent, le fait, l'avenir même, en supposant que l'ordre des choses dont nous faisons partie subsiste, mais qu'elle ne nous donne pas et ne peut pas nous donner le commencement des choses, où elle n'atteindra jamais. Même les inductions sur ce qui s'est passé à l'origine de toutes choses sont hors de son domaine. Son objet propre est la loi, c'est-à-dire la suite réglée des phénomènes dans les limites de l'ordre existant de l'univers matériel ; rien de plus. Si l'univers a eu un commencement, avons nous dit, ce commencement, par les conditions même de l'hypothèse, échappe à la loi du déterminisme. La science positive devient donc une métaphysique, c'est-à-dire qu'elle cesse absolument d'être ce qu'elle doit être, dès qu'elle avance même une hypothèse dans cet ordre de problèmes. Elle tombe immédiatement sous le contrôle non plus de l'expérience, mais de la raison pure. Le sens véritablement scientifique ne s'y trompe pas : il s'arrête à cette limite marquée par les faits observables et sensibles; il ne s'aventure pas en un dogmatisme qui n'est pas de sa compétence et qui ne fait qu'ajouter aux difficultés inhérentes à toute solution métaphysique une inconséquence de plus, une contradiction manifeste au principe de sa méthode.

C'est d'un tout autre point de vue que le métaphysicien considère la nature. Le savant a raison, et il est dans son strict devoir scientifique quand il recherche partout et avant tout la suite et la liaison nécessaire des faits observables; mais le métaphysicien a raison aussi lorsque, au nom d'une science supérieure, il cherche à démêler la loi idéale d'ordre, d'harmonie et de beauté qui est comme voilée sous le mécanisme apparent de la nature. Cette loi existe : Leibniz la reconnaissait déjà dans les phénomènes les plus simples et les plus élémentaires de la mécanique; mais elle apparaît de plus en plus clairement à mesure que l'on se rapproche des phénomènes supérieurs; elle éclate par de brusques coupures au milieu du plan suivi de la nécessité physique dans la manifestation soudaine de la vie et de la pensée, inexplicables sans la finalité. La métaphysique donnera toute leur valeur d'interprétation à ces marques de dessein visiblement empreintes dans quelques régions de l'expérience, et dont l'évidente analogie s'impose à nous avec une telle force qu'elle a été une cause de division parmi les positivistes, quelques-uns inclinant à l'admettre malgré la rigueur du système. — Elle rétablira dans tous ses droits l'idée de la finalité, qu'il ne faut pas proscrire de la raison parce qu'elle a souvent égaré la science, et qui, acceptée, réglée dans sa vraie mesure, mérite mieux que la déférence légèrement ironique de Kant, je veux dire l'honneur et le respect dus à l'une des formes les plus manifestes de la vérité. C'est en effet le prodige de la nature que ces deux conceptions, opposées mais non contradictoires, du déterminisme et de la finalité, soient réunies et comme mêlées dans la trame de l'univers, que la série des causes finales se développe à travers le monde concurremment et parallèlement avec la série des causes efficientes, enfin que la mécanique et la géométrie révélées dans la suite des phénomènes, des mouvements et des figures matérielles réalisent par des lois d'une simplicité absolue un ordre tel que l'interprétation complète de ses effets dépasse la portée des plus hautes intelligences, et que ce soit la marque la plus assurée du génie de déchiffrer quelques syllabes de l'énigme immense.

Dans le centre des choses devenu visible au regard du philosophe, le principe de l'ordre commence à se révéler. Qu'est-il donc en soi, ce principe qui se manifeste à la fois comme géométrie et finalité, nécessité et raison, géométrie dans ses moyens et finalité dans ses résultats, nécessité dans les lois qu'il emploie, raison par les effets qu'il réalise, loi suprême de l'ordre mathématique comme de l'ordre moral, vraiment raison des choses, puisqu'il est la dernière explication de tout? Plus le philosophe étudie profondément ce monde et dans les idées que la science positive lui en révèle et du point de vue d'où la métaphysique le lui montre, plus il se refuse à croire que ce monde soit l'œuvre d'u mécanisme aveugle, et qu'une suite déroulée à l'infini de mouvements matériels ait pu produire cet univers, pénétré de pensée jusque dans ses dernières profondeurs. En se donnant le grand spectacle des forces et des formes, il en saisit les relations réciproques et les harmonies, la vivante synthèse, non pas à la manière poétique et superficielle de Bernardin de Saint-Pierre, mais du coup d'œil vraiment philosophique de Leibniz. En même temps il se rend mieux compte à lui-même de ces innéités qui éclatent dans l'inspiration scientifique; il s'étonne de voir comme son entendement est naturellement fait pour comprendre la nature, comme il est prédestiné à la science. Les signes de l'ordre ne sont pas plus profondément empreints dans le monde qu'ils ne le sont dans son esprit. Il reconnaît que la raison de l'homme est disposée comme par un dessein exprès pour concevoir la raison de l'univers. Il jouit de cette dernière harmonie qui l'aide à comprendre toutes les autres, et, sans prétendre à l'explication absolue des choses, il sent qu'il s'en rapproche de plus en plus à mesure qu'il comprend mieux que cet ordre universel n'est qu'intelligence déployée dans l'infini matériel des mondes et dans cet autre monde, l'âme. Osons donner au principe de l'ordre son vrai nom : la raison suprême, ce que Platon appelait *l'idée du Bien* ou mieux encore *l'auguste et sainte pensée*. C'est d'elle que tout procède, à elle que tout se ramène; elle est le centre vivant, éternellement actif, autour duquel se déploient les différentes formes de l'être, les variétés infinies des âmes, des forces, des figures et des mouvements, les régions diverses de la nature, ordonnées dans leurs orbites concentriques et se mouvant toutes par l'impulsion unique qu'elles reçoivent de l'immobile moteur.

Voilà le point de vue métaphysique de la nature en regard du point de vue scientifique, vrai, mais incomplet. Ainsi se marquent à nos yeux les limites qui séparent la science positive de la philosophie et la distinction fondamentale des deux facultés qu'elles emploient : l'une par laquelle nous saisissons les rapports des choses entre elles, qui constituent l'ordre, — c'est le sens scientifique, — l'autre par laquelle nous saisissons le rapport de l'ordre à son principe, — c'est le sens métaphysique. Le philosophe idéal serait celui qui, en ces temps de dispersion et de morcellement intellectuel, réunirait en lui ces deux sens, ces deux facultés, et les combinerait dans un suprême élan de génie, — un Aristote avec la science moderne en plus, un Leibniz avec moins d'idées systématiques. Ce jour-là, l'anarchie des intelligences s'apaiserait peut-être sous le charme impérieux de la vérité manifestée à la fois dans ses deux grands aspects. Le monde connaîtrait, au moins pour une heure, la plus haute volupté intellectuelle qu'il nous soit donné de concevoir, un mouvement de joie unanime de tous les hommes réunis dans le divin accord des idées.

FIN.

NOTES.

NOTE A.

(Voir la page 40.)

M. Chevreul s'applique à marquer, dans toutes les occasions, la part de la pensée, distincte de la sensation, l'action propre de l'esprit humain dans l'acquisition de la science. Pour lui, c'est une proposition capitale que ce qu'il appelle le *concret*, la réalité sensible, ne nous est connu que par l'*abstrait*, c'est-à-dire par des *propriétés*, des *attributs* que l'intelligence sépare des choses. Voici quelques citations empruntées à son dernier livre, et qui nous ont paru intéressantes à ce point de vue :

« Comment distinguons-nous les corps? C'est :

» 1° Par la manière dont ils agissent sur les organes de nos sens : le toucher, le goût, l'odorat, l'ouïe et la vue ;

» 2° Par la manière dont ils peuvent agir, non plus sur les sens extérieurs, mais sur les organes, les tissus, les liquides de l'intérieur de notre propre corps, comme aliments, médicaments, poisons et venins ;

» 3° Par la manière dont ils agissent les uns sur les autres : — soit par impulsion, lorsqu'un corps communique par le choc le mouvement qui l'anime à un corps en repos ; — soit par une cause appelée physique, comme l'aimant attire le fer ; — soit à la manière de l'eau, qui dissout le sucre, le sel, ou de l'air, qui fait brûler le charbon, le bois, etc., etc.

» Ces *facultés*, en vertu desquelles les corps agissent sur les organes extérieurs de nos sens, le toucher, le goût, l'odorat, l'ouïe et la vue, sur nos organes intérieurs et enfin sur eux-mêmes à distance de notre propre corps, sont appelées leurs *propriétés*.

» ..... Ne connaissant les corps que par leurs propriétés, nous ne pouvons les définir que par elles.

» Il en est de même d'une chose, d'un objet, d'un être. Nous ne les connaissons que par des propriétés, des qualités et des rapports de propriétés ou de qualités.

» Ces connaissances étant parfaitement positives, quand elles sont définies d'une manière précise, elles ont le caractère d'autant de *vérités*, de ce que nous nommons des *faits* ; car un fait exprime pour tout le monde une *vérité*, par exemple : *ce qui est, ce qui a été, ce qui sera*.

» Mais qu'est-ce qu'une *propriété* relativement à un corps, à une chose, à un objet, à un être ? C'est une *abstraction* ; parce qu'elle coexiste toujours avec d'autres propriétés dans ce corps, dans cette chose, dans cet objet, dans cet être, et que, pour la bien connaître, il faut l'isoler en la considérant par un acte de l'esprit à l'exclusion des autres, et qu'ainsi isolée elle est devenue une *abstraction*. En ce sens, on dira avec assurance que nous ne connaissons que par des *abstractions* ce qui est *concret*, comme un *corps*, une *chose*, un *objet*, un *être*.

» En résumé, nous ne connaissons donc la *matière*, les *corps*, que par des *propriétés*.

» Ces propriétés sont des *faits*.

» Et chaque propriété étant une partie d'un ensemble de propriétés possédées par la matière ou le corps, une *propriété* est un *fait*, et un fait *précis* est une *abstraction précise bien définie*. »

(*Histoire des Connaissances chimiques*, t. Ier, p. 13, 14, 15).

« Qu'est-ce qu'un *fait précis ?*

» C'est celui qui n'éveille dans tous les esprits qu'une même idée, s'il est *simple*.

» Par exemple, quand l'abstraction arrivée au plus grand état de généralisation en partant de la *grandeur discontinue* est arrivée à l'idée des nombres 1, 2, 3. . . .

» Car évidemment chacun de ces nombres n'exprime qu'une même idée pour tous.

» C'est, en second lieu, le *fait* qui, *étant complexe*, est réductible pour tous les esprits en les mêmes faits simples, précis.

» Comment arrivons-nous à la connaissance des *faits précis, simples ou complexes ?*

« En les étudiant séparément, après que la faculté d'abstraire a séparé chacun d'eux de l'ensemble des faits dont il était partie.

» Ce fait peut appartenir à un corps, c'est-à-dire au *concret*, ou à un être créé par l'imagination....

» Une propriété, une qualité, un attribut sont des *faits*; et les *faits* sont des *abstractions*. »

(*Ibid.*, p. 235).

« A mon sens, la proposition que le *concret* ne nous est connu que par l'*abstrait*, c'est-à-dire par des *propriétés*, des *attributs* que l'intelligence, la pensée en sépare, donne de l'acte auquel se livre cette intelligence, cette pensée, une idée bien différente de ce qu'on dit communément de la connaissance du concret déduite immédiatement de la *sensation*. La part de la pensée, dans ma manière de voir, est immense déjà dès le premier acte de l'esprit pour connaître un objet *concret* quelconque ; voyez enfin que le *fait* représentant pour tous *ce qui est*, *ce qui a été*, *ce qui sera*, est défini une abstraction. Certes, si ce résumé concis de la doctrine comprenant tant de propositions générales et variées énoncées précédemment, est plus près du *matérialisme* que du *spiritualisme*, j'avoue ne plus rien comprendre au sens des doctrines qu'on rattache à ces deux expressions. »

(*Ibid.*, p. 340).

NOTE B.

(Voir la page 242.)

Sur la tendance générale des corps vers le repos absolu ou du moins vers le repos relatif, voici une note que nous communique un de nos plus savants amis, M. Dupré, doyen de la faculté des sciences de Rennes, si honorablement connu à l'Académie des sciences par ses beaux travaux sur la théorie mécanique de la chaleur :

« On a voulu tirer parti, en faveur d'une certaine philosophie, du premier principe de la théorie mécanique de la chaleur d'après lequel la somme des forces vives existantes et des forces vives que peuvent produire les travaux mécaniques disponibles dans l'univers, est *invariable* malgré les transformations continuelles qu'on y observe. On prétend en conclure que les mouvements visibles ne cesseront jamais, et l'on affirme qu'ils ont toujours existé. Il importe de connaître exactement la valeur de ces assertions.

» Le premier principe est sans doute incontestable aujourd'hui ; mais il ne conduit pas légitimement aux conséquences qui en ont été déduites. Dans l'état actuel de la nouvelle science, il faut soigneusement distinguer deux classes de forces vives :

» 1° Celles qui résident dans les molécules et qu'on ne peut observer directement ;

» 2° Celles qui résident dans les corps composés de molécules innombrables et qui sont l'objet des observations astronomiques et physiques.

» Il est facile de concevoir toute la matière réunie en un seul bloc ayant une température uniforme et telle que la somme des forces vives moléculaires soit égale à la somme actuelle des forces vives des deux espèces conformément au premier principe. Dans cet état *possible*, tout mouvement dans les corps ayant cessé, la vie aurait disparu; on peut donc affirmer déjà que le premier principe ne renferme point comme conséquence inévitable la durée indéfinie de l'ordre existant.

» Mais il est bon que la science nous conduise à ce qui est réel, et non pas seulement supposable sans contradiction avec les principes connus. Pour y parvenir ici, l'introduction d'une quantité qui caractérise l'état du système matériel considéré, est utile; elle s'appelle *distance de ce système au repos*. Sa définition mathématique précise montre que, si elle est nulle, le repos dans les masses et l'uniformité de température existent : les molécules seules exécutent des mouvements très-peu étendus avec lesquels la vie est inconciliable aussi bien que les mouvements astronomiques.

» Cela posé, on envisage séparément les phénomènes qui s'opèrent sans chute de chaleur et ceux qui s'opèrent avec chute, c'est-à-dire avec passage de chaleur d'un corps chaud dans un corps froid, comme il arrive quand un forgeron plonge le fer rouge dans de l'eau, ou bien lorsque deux solides non élastiques se choquent et que leurs parties contiguës, d'abord échauffées, transmettent leur chaleur aux molécules environnantes.

» Dans le premier cas, on prouve que la distance demeure invariable. (Voir le *Compte rendu de l'Académie des sciences*, du 1er octobre 1866 et les *Annales de chimie et de physique*).

» Dans le second cas, on prouve que la distance diminue, et, comme les changements avec chute sont continuels dans l'univers, soit parce que les corps froids s'échauffent aux dépens des autres, soit à cause des variations incessantes de forme dues aux différences d'attraction, lesquelles produisent des frottements et par conséquent des chutes, il est certain que la distance diminue sans cesse. Les mouvements relatifs des corps tendent donc vers une fin naturelle. On ne peut objecter qu'il résulte des calculs des astronomes que, par exemple, la terre et le soleil supposés seuls dans l'espace tourneraient en apparence *perpétuellement* l'une autour de l'autre ; car, dès lors qu'il y aurait mouvement relatif, les différences d'attraction dont le flux et le reflux de la mer sont un effet, produiraient des déformations, de la chaleur et des chutes, par suite des pertes de distance. La rotation perpétuelle n'est indiquée par l'analyse qu'à cause de l'emploi de théorèmes de mécanique applicables en toute rigueur seulement à des corps *rigides* qui n'ont pas d'existence réelle ; les pertes de distance qu'on néglige en faisant cette hypothèse sont très-faibles, il est vrai, mais elles s'accumulent avec le temps, et il est hors de doute que des observations astronomiques bien dirigées, suffisamment précises et assez éloignées, finiront par mettre en lumière la tendance des corps vers le repos *absolu* ou vers le repos *relatif*, ce qui équivaut dans cette importante question.

» Ainsi, *dans l'avenir*, l'ordre existant ne peut, à certaines modifications près, durer toujours.

» *Dans le passé*, il est certain qu'il a eu un commencement, car on prouve que, sans cela, les pertes de distance accumulées jusqu'à notre époque dans chaque portion limitée du monde matériel, auraient une somme infinie, ce qui est impossible puisqu'on prouve d'ailleurs facilement que la distance n'a jamais pu atteindre le double de la force vive totale actuelle. »

TABLE DES MATIÈRES.

Préface..

Chap. i. — Des sciences positives dans leur rapport avec la métaphysique. Est-il vrai qu'elles l'excluent comme incompatible avec leurs données actuelles? Comparaison sur ce point de l'école positiviste et de l'école expérimentale. L'une supprime les problèmes métaphysiques, l'autre les laisse subsister dans une région à part, en dehors des limites de la science positive.................... 1

Chap. ii. — Quelques exemples de cette opposition entre l'école positiviste et l'école expérimentale. Le rôle de l'*idée à priori* dans la découverte scientifique. — Les questions réservées............... 23

Chap. iii. — Des sciences positives dans leur rapport avec la métaphysique (suite). Est-il vrai qu'elles soient en mesure de la remplacer? Le matérialisme scientifique. Ses origines. Ses affinités secrètes avec le positivisme...................... 63

Chap. iv. — Exposé des thèses principales du matérialisme scientifique............................ 99

Chap. v. — Avantages de l'hypothèse matérialiste sur

la conception panthéistique du monde. Unité, simplicité, apparence de rigueur expérimentale. Progrès manifestes du matérialisme scientifique. Décadence visible du panthéisme. Par quelle loi s'expliquent ce progrès et cette décadence inverses. 119

CHAP. VI. — Examen du principe sur lequel se fonde le matérialisme scientifique. Il prétend être expérimental, et il est dogmatique. Définition de la connaissance expérimentale. Contradiction inhérente à l'idée même du matérialisme scientifique.. 151

CHAP. VII. — Incompétence du matérialisme expérimental dans les questions toutes rationnelles d'origine, spécialement dans ses thèses négatives et sa critique de l'idée de Dieu.................... 179

CHAP. VIII. — Incompétence du matérialisme expérimental dans les questions d'origine, spécialement dans ses thèses positives sur l'éternité de la matière et de la force............................ 221

CHAP. IX. — Résumé et conclusion. Les sciences positives n'excluent pas la métaphysique. Elles sont impuissantes à la remplacer. Elles peuvent et doivent s'accorder avec elle. Conditions et lois de cet accord. L'esprit scientifique et l'esprit philosophique appelés à s'unir et à se compléter........ 257

Note A...................................... 283
Note B...................................... 287

9710. Imp. générale de Ch. Lahure, rue de Fleurus, 9, à Paris.

www.ingramcontent.com/pod-product-compliance
Lightning Source LLC
Chambersburg PA
CBHW071126160426
43196CB00011B/1819